JN123672

サイコセラピー
セラピー
は統合を希求する

生活の場という舞台での対人サービス

元永拓郎 著 Motonaga Takuro

遠見書房

プロローグ

ある昼下がりの大学の研究室にて

コンコンと部屋をノックする音がして，男子学生が顔をのぞかせた。まじめそうな表情から，授業をとっている学生Xくんとすぐにわかった。

「あの，ちょっと質問してよいですか？」

研究室まで来て質問する学生がそういえば昔と比べて減ったなと，今しがたぼんやり考えていたところだったので，私は少し興味を持った。

「もちろん，どうぞ」

部屋に招き入れて，少し腰を据えて話を聞いてもよいなと思い，部屋のテーブルにある椅子を勧めた。

「あの，授業でやった心理療法ってやつなんですが……，先生は，統合的にやっているという話でしたけど，統合的というのがお勧めなんですか？」

授業では，さまざまな心理療法の理論や実際の話をしているのだが，ちょうど先ほどの授業では，それらをふまえて，自分はどんな風にやっているのかという話をしたところだった。

「そうだね，いろんな種類の心理療法を学ぶことが大事だけれど，私は，それらを統合的に理解して活かしている感じなんだよね」

Xくんは，すっきりしない表情は変えないので，満足いく答えではないことはすぐにわかった。

「統合的というのが，わかりにくい？」

そう投げかけると，Xくんは，一瞬目をそらして，

「一つの種類の心理療法でも身につけるのが大変そうなのに，いくつもの療法を身につけて，さらにそれらを統合するというのは，ちょっと大変そうだなと思って……」

そうだよな，という思いもあるのだが，統合的という考え方が難しいものと思われるのも，誤解だなとも思ったので，少し投げかけてみることにした。

「確かに，これも学んであれも学んで，それらを総合的に考え身につけていくというのは，そう簡単ではないかもね。やはり簡単に身につけられる心理療法がよいという感じなの？」

この質問はXくんにとって少しだけ挑発的だったようで，

「いや，簡単なものを選ぼうという訳ではないんですが……，あれもこれもとなると中途半端になるような気がして」

中途半端。言葉の響きは4つの漢字がきれいに組み合わさっていてスマートなのだが，その意味するところは負の印象を持たせる言葉である。

「いま中途半端っていったけれど，中途であることって，よくないことなのかな。あと半端っていうのも，だめなことなの？」

「えっ」

Xくんは少しびっくりしたようで，私の顔を見た。

「心理療法の理論って，クライエントを深く理解するために必要なものなのだけれど，その理論ですべて説明できるってなったら，ちょっと怖いと思わない？」

「理論ですべて説明？」

「そう，ある理論にそってクライエントの苦しみやよくなる仕組みがすべて理論書に書いてあるとしたら，ちょっとそれは怪しいとさえ感じるよね」

「そうかもしれません」

Xくんは，煙に包まれたような表情をしている。

「少なくとも私は，心理療法の理論は，クライエントを理解するためにとても役立つことも多かったけれど，その理論ですべてを説明するといったことはないかな。だから，心理療法の理論って，ある意味，中途，までの考えであったり，すべては教えてくれない半端なもの，と言ってよいのかもしれない」

「半端なもの……」

「もちろん，その理論の意味するところは深いのだけれど，フロイトにせよロジャーズにせよ，人を理解するための営みの途中である，という認識を持っておくことは大事だと思うよ」

このあたりになると，私の言葉の強さにXくんは圧倒されたようで，遠慮がちな雰囲気をみせながら，

「そうですか。わかりました」

と言って退室しようと身を引き始めた。

「ちょっと混乱させたかな。Xくん自身も，多くの先人たちが目指してきた中途までの道筋を，初めは導いてもらいながら，しばらくしたら一緒に歩みながら，でも自らが道を少しずつ歩んでいく，その面白さや醍醐味を感じていけるとよいね」

Xくんは，少しだけほっとした表情をみせて，研究室を後にした。

研究会の後の打ち上げにて

Yさんは，大学院を修了して5年目にあたるちょうど中堅になろうとしている臨床心理士である。先日，公認心理師の試験にも合格して登録したとのことである。勉強会後の懇親の場で，私はXくんの話をしてみた（新型コロナウイルス感染症の影響が出る前の想定です）。

「統合的という話に食いついてきた学生がいてね。心理療法をどのように学べばよいか，という問いなのだろうけれど，勇気を出しての問いだったかなー。でも，ちょっと煙に巻いてしまったような……」

「その学生って，まだケースを持ったりしたことないんですよね。だったら，まだ理論をどう学ぶかなんて，全然わからないと思いますよ」

Yさんは少し興味を持ったらしく，私の話にすばやく反応してきた。

「そういうものなのかねー。Yさんはそんな感じだったの？」

「何とか療法とか，いろいろと勉強はするじゃないですか。でも実際にクライエントさんを受け持つようになって，スーパービジョンとかをしっかり受けるようになって，こ

の理論が理解に役立つかもよとか，有名な○○が言うところの考え方だと理解しやすいとか，そんなことを教えてもらいながら，あー，心理療法の理論って，そういうことだったのかって，学んだことと実際のクライエントとが重なるって感じで，そこからですよね，心理療法の理論が実際に役立つって実感を持ち始めたのは」

「そうかそうか，もうずいぶんと昔のことだから忘れかけていたけれど，クライエントがよくなって，この考えは役立つなー，深い理論だなーって振り返ることの連続だよね，特に初めの頃は」

　私がこの道に入ったころは，心理療法の理論に関する本はわずかしかなく，結局は，先生や先輩たちが目指していた方法を，そのまま受け継ぐというところから始めたので，しばらくは，ある特定の心理療法理論に浸るというより，クライエントとのかかわりの中で役立つ理論や技術をがむしゃらに学んできたという感じであった。

「ところで，Ｙさんは，今関心を持っている心理療法の理論とかはあるの？」

「そうなんです。いままでは，仕事する上で必要という研修会を選んで出ていたんですが，そろそろ自分の心理療法のスタイルも作っていかなくてはと思っているんです。もちろん今受けているスーパーバイザーの先生が専門とされている理論もいろいろと教えてもらって学んでいるんですけど……。一方で面白そうなものはたくさんあるし，一つひとつの理論をこつこつと学ぶしかないんですかね。一つを学んだら，それは別の理論のこととも似ているから，そこも含めて理解していこうとか，そんな総合的な学び方をまずは学びたい」

　Ｙさんは少しいたずらっぽい笑顔でそんな言葉を返してきた。

「そんな学び方についての理論が必要ってことだね。誰かわかりやすく本にまとめてくれないかなー」

　私はそう答えながら，確かにその通りだ，そのような書籍が必要だ，と頭の中で繰り返した。もちろん，さまざまな先人たちが，そのような統合的な心理療法の学び方についての理論，つまりメタ理論について，多くを語ってきているとも思った。しかし一方で，それらを包括的に語る書籍が必要かもしれないとも強く感じた。

はじめに

　この本は，サイコセラピーが統合を希求すること，すなわち統合的営みをめざしていく性質について，生活の場（コミュニティ）および対人（ヒューマン）サービスという視点から，若干の考察を行ったものである。統合という言葉を明確に定義することはとても難しい作業であるが，ゆるやかに「統合を求める（希求する）」性質に着目し，"いまここで"そして"世間で"起きていることを誠実に把握しようとするならば，クライエントに資する，そしてクライエントとセラピストの関係やセラピストの臨床家としての成長に関しても，意味ある議論ができると考えた。

　私が，この本で最も強調したい1点目は，すべてのセラピストは統合的営みをすでに行っているということである。一人ひとり異なるクライエントを前にして，セラピストは自ら持っている知識，スキル，感情，言葉，声色，身体，表情，物理的空間，面接の構造，その他ありとあらゆるものを総動員し，よい方向に進むための協働作業を，クライエントと行おうとするであろう。この作業は，さまざまなことがらの相互作用に配慮した「統合の希求」に他ならない。

　もちろん異論もある。最も大きな反論は，そのような作業はすでに"○○療法"として確立された理論に基づいて実践されているにすぎないと。このような考え方は"純粋主義"と言ってもよいであろうが，深くかみしめるべき指摘と思う。なぜならば，この"純粋主義"がなければ，何十年，百何十年という歴史の中で，特定のサイコセラピー理論が生き残ることはなかったと思うからである。この"純粋主義"こそが，私がこの本で"統合の希求"を扱う上での最大の貢献者である。

　しかしながら，私は，"純粋主義"にみえる先人たちの営みそのものが，統合を希求していたのではという着想を土台にサイコセラピーを語りたいと思う。さまざまな"臨床の知"は，その時代のさまざまな思想や文化，社会情勢の影響を受けながら，クライエントとサイコセラピストとの相互作用の中で形作られてきたものである。つまり高度に結晶化された理論そのものが，固定的なものではなく柔軟で変化していく"中途の"性質を有していると言える。

　サイコセラピーのそのような性質に着目し，クライエントに資すること，そしてサイコセラピーの発展について鳥瞰する議論を，ささやかながら行いたいと思う。実際，多くの臨床家が，サイコセラピー理論が固定的になることへのもの足りなさを感じ，さまざまな取り組みを進めている。それらの取り組みを表すキー

ワードの一つとして，"統合"という言葉が，近年使われるようになっているのであろう。

この"統合"という言葉は，非常に魅力的である一方で，多義的で，私にはいささか手に余るものである。にもかかわらず，この統合という言葉が指し示す世界をおぼろげに意識しながら，自らの臨床を眺めていくと，クライエントとのやり取りを，より豊かに味わい，腑に落ちる感覚で記憶に留めることが可能となるようにも思う。私は，この感覚に誠実であろうと考えた。

私が強調したい第2点は，サイコセラピーの営みは，日常での語り言葉を用いて概念や出来事を表し，クライエント，家族，そして他の対人サービスの専門家の人々と共有できて，初めてその意義を持つということである。統合を希求することは，サイコセラピーの専門家に限定された世界を越えていく。同じく対人サービスを担う医師，看護師，福祉士，教師，その他の専門職，行政関係者，NPO関係者，ボランティア，商工関係者，一般市民，そのような人々が，「腑に落ちる」言葉で語り合い共有していけるものでありたい。ましてや当事者である本人や家族にとっても，お互いに通じ合える言葉で語られるべきである。そのような多様な生活の場（コミュニティ）に開かれた共有プロセスこそが，サイコセラピーが統合を希求することの本質の一つであると考える。

この本の副題で挙げた生活の場とは，人々が日常の生活を営む「コミュニティ」のことである。いわゆる地域のことであるが，学校や職場も生活の場（コミュニティ）に含まれる。これらの生活の場において，多職種の専門家による対人サービスが提供される。サイコセラピーももちろん，生活の場における対人サービスの一つである。

しかしサイコセラピーは，生活の場（コミュニティ）に集う他の人々からみて，密室の特殊な営みとみなされることが多いようである。そのような密室性はサイコセラピーの専門性を高めるために歴史的に貢献してきたかもしれない。そのような実績もふまえた上で，サイコセラピーに関連する公認心理師という国家資格が誕生した今日において，生活の場に開かれた対人サービスとしてのサイコセラピーを論じることは重要と考える。

私の第3の強調点は，サイコセラピー理論は常に変化していくものであり，サイコセラピストという存在そのものが，生活の場における多職種，志ある人々，そしてクライエント本人との共通言語の語りの中で，その姿を変えるということである。サイコセラピストとは何なのか，サイコセラピーとはどのような営みなのか，そのことが生活の場において問われる状況が続いている。

実際，医学や教育学，看護学，福祉学，産業領域の理念（経済原則や効率性の

重視）など，多くの分野で心の支援についてどう考えるかが重要なテーマとなっている。統合的営みとは，その問いに対して真摯に向き合う姿勢でもある。その姿勢を大切にしながら，私は論を進めていきたい。（ちなみに本書では，サイコセラピストとカウンセラーはほぼ同じ意味で用いる。）

　これらのことを心に留めながら，サイコセラピーが統合を希求することについて，私なりの経験をもとに筋道を立てて整理し，先人たちが積み重ねてきたこととの対話を大切にしつつ，この本を執筆した。読者としては，初学者から 10 年目までの心理専門職の方々を念頭においたが，サイコセラピーのスタイルを深めていきたいと考えるすべての人に読んでいただくとよいかと思う。本書のプロローグなども対話形式としたが，これらは実際のエピソードに基づいたフィクションである。これらも含めて，読者の皆さんの臨床の知をめぐる長い帆船の旅路に，少しでも新鮮な風を送ることができるのであれば，幸いである。

　2021 年 4 月

元永拓郎

目　　次

第Ⅱ部　サイコセラピーは交配する

第 I 部　まなざしは移動する

ダイアローグ──心理支援の本質とは？

　公認心理師の養成カリキュラムの授業の一つである「関係行政論」の教科書を作ることとなった。この関係行政論では，心理支援や心の健康の保持増進のために働いているのは，心理専門職だけではなく，医師，看護師，作業療法士，理学療法士といった医療関係職種，精神保健福祉士，社会福祉士といった福祉職，教師などの教育職，その他さまざまな専門家が存在することや，そもそも法律や施策が定められ，その大きな仕組みの中で心理面も含めた支援が総合的に行われていること，国や地方公共団体，そして国民の活動もさまざまな形で展開されていることなどを学ぶことにある。そのような全体的な制度や活動を理解し，多職種連携を重視しながら業務を行うことが，公認心理師を含めた心理専門職に求められる。

　このような教科書を，各分野を熟知した先生方からの原稿も推敲されほぼ仕上がり，法律監修の弁護士の先生にドラフトを読んでいただいた時の話である。その先生は法律のプロであるのだが，読後のコメントで開口一番，こう言われた。

　「この本は，心理の皆さんが，法律や制度を熟知して，よい支援を行うということであることはわかった。そして，法律や制度の根本にあるのが，憲法の理念であり，基本的人権の尊重とか個人の尊厳を守るということは伝わってきた。でも，心理の専門家は，それだけでよいのだろうか？　心理の専門家だから，この姿勢が大切である，ということを，示す必要があるのではないだろうか？　心理の先生をたより相談する人たちは，やはり心理の先生だからこそという気持ちで，相談するのではないか」

　私は，その話を聞いて，まさにこのドラフトに欠けているものを，ずばりと言われたと感じた。それは，心理専門職の営みの本質とは何か，という問いと同じであった。そしてその本質こそが，公認心理師という国家資格を作った立法の趣旨，国民の願いの最も重要な琴線であると感じ取った。そしてその心理支援の本質を大切にする営みこそ，1988年に資格認定が始まった臨床心理士の活動そのものであるとも思った。それは，心理専門職の魂にあたるものである。臨床心理士（およびいくつかの心理専門職の資格）の長年の実績を，その本質を，しっかりと公認心理師に引き継ぎ発展させることが，いま求められているということである。

　しかしながら，その本質について，作成中の教科書に書き込むことは，「関係行政論」という紙面の都合上，ところどころに記載することしかできなかった。それでも本の最後のページに10行ほど心を込めて書き込むことができた。

　その教科書が出版されて数カ月たった頃，公認心理師の受験対策本をぱらぱらと見ていたところ驚いた。なんと，その本質を，言葉では到底表現できないと思いながら書いたその文章が，そのまま引用されていたのである。これを読んでやる気を出そうということで引用されていた。長い間大学受験生の心理支援を行っている私としては，国家資格の受験ではあるが，その受験生を励ますために，その「本質」に注目してくれたことに，格別の喜びを感じた。そう，受験生は，苦しいからこそ，そしてこんなこと覚えて

将来の役に立つのかと迷うからこそ，予備校講師や周囲の人々の語りの中に，本物（本質）を求めるということを，私自身長い間の受験生支援の中で多く経験していたからである。

　そんなことも考えていて，ふいに，何から学ぶかというＸくんの問いが頭の中でよみがえった。そうだ，Ｘくん，まずは「本質」から学ぶ必要があるのだ。そして，その本質は，Ｙさんの言うように，クライエントに一生懸命寄りそう中で見えてくる。もちろん見えないこともあるから，そのためにスーパービジョンがある。そして，その見えてきた本質のかけらを，より深く感じ考えることができる理論を，自分の感性に正直になって求め学んでいけばよいのだ。そしてそれは，私の諸先輩たちがずっとやってきたことであるし，私も見様見真似から始めたけれど，ずっとやってきたことでもあったのだ。

３人のベテラン・サイコセラピストとの対話

　「公認心理師という国家資格ができたからこそ，心理支援の本質とは何かが問われているんだよね」

　ある研究会後の交流の場での私のこの唐突な質問を，さすがベテランの皆さんは，しっかりと拾ってくれた。

　「本当にそう思う。国家資格だということで，いろんなことを期待されているんだけど，あれもこれもできる訳ではないから」

　「相談室内でのサイコセラピーをしっかりとやっていくことはもちろん大事だけれど，相談室の外での活動も大事だし，現場ではそちらの方が求められることも多いよね」

　「本格的なサイコセラピーのいわゆる学派を絞り込んだ教育って，そもそも大学院では行わないよね。大学院では，より基本的な本質を意識した臨床指導だよね」

　３名のベテランの先生方は，大学院の教員だったり，医療機関で働いていたり，学生相談室の勤務だったりする。雑談の中で話は流れていく。

　「でも，その基本的な臨床指導って何なんだろう？　やっぱり来談者中心療法かな？」

　「時には行動に注目してアドバイスしたりもするし，家族に介入することもあるし……」

　「さまざまな臨床理論や考え方に共通することやこれは絶対守るべきことといった倫理的なことに近いことはあるよね」

　「そういったことって，さまざまな学派を通して知ることもあるし，スーパービジョンやケースカンファレンスで教えてもらうことも多い」

　「時々学派に縛られてバランスを崩しそうになることもあるかな」

　「心の中の内面ばかりではなく，実際の生活場面の現実もみていかないとだめだよね」

　「基本をしっかりと押さえながら，それがさまざまなサイコセラピー理論とどうつながっていくか，知りたい」

　私は，このような語りをきいたのは初めてではないことに気づいていた。たぶんベテランの３人は，すでに基本を身につけ，そしてそれらがさまざまなサイコセラピー理論とどうつながっているのか，いくつも発見してきているのだと思う。しかしそれらの発

見は，断片的に体験されているのだが，それらをつなげて俯瞰する営みを求めているのだと感じた。しかしそのようなことは可能なのだろうか？

「先生が，時々心理支援とは何をやっているかを説明する時に使う，まなざしが移動する，ていう話，あれは，当たり前と言えばそうなのだけれど，わかりやすいですよね」

実は，彼ら3人と一緒に，心理サポートとは何なのかを説明する方法を長年考え，最近は"まなざしの移動"ということから話を始める機会が増えていた。

「そうそう，あれ，よいですよ。3つのダンゴが串刺しになっているような」

「ダンゴか。串刺しでなくて，ダンゴを行ったり来たりするから，"移動"なんだけれどな」

この発言は完全に無視されて，彼らは話を続けていく。

「あの3つのダンゴのまわりに，いろんなサイコセラピー理論が，位置付けられるかもっていう話には，なるほど，っという感じです」

「ちょっと無謀な感じもあるんだけれど，参考になるかな」

「もちろん，それがすべてとは思わないけれど，いろんなサイコセラピーの性質をわかりやすく表しているなって思った」

その3つのダンゴとは，次のようなものである。

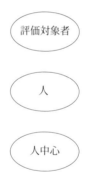

一番上のダンゴは，人を目にみえる基準に基づいてながめるまなざしである。二番目のダンゴは，日常生活を営んでいる人（生活者）としてみるまなざしで，そこには優劣はない。一番下のダンゴは，心の奥にある心情や大切な思いなどその人の心のコアにある世界をみていこうというまなざしである。それを"人中心"としてみるまなざしと呼んでいる。

「先生，ぜひダンゴ三兄弟とサイコセラピー理論との関係をわかりやすく説明した本を書いてくださいよ」

「だから，ダンゴ三兄弟ではないんだけれど……」

どうやら，彼らのダンゴ串刺し説を修正するためにも，本を書かなければならないようだ。

第1章

まなざしの移動
眼－移　shifting

〈この章の要約〉

　サイコセラピーの本質の一つとして，まなざしの移動に着目した。「評価対象者」「人」「人中心」として眺める３つのまなざしが柔軟に移動することが，サイコセラピーにおいて重要である。またそれは，対人サービスすべてにおいても，展開される性質でもあろう。この「まなざしの移動」は，この本の論を進める上での基本的かつ本質的な考え方となる。これらの考えには，「眼」と「移」という文字を象徴として示したい。

1．大学受験生へのかかわり

　以下の３つのケースの説明をまずは読んでほしい。①②③ともに同じ人であるが，少しずつＡくんに向けるまなざし（視線の方向）が異なる。そのまなざしの向け方の違いは何なのかを考えてみたい。

①Ａくんはある予備校に通う国立理系志望の１浪男子である。現役時はあまり勉強に身が入らず，模試の合格可能性判定が 10％もない予測となった実力以上の大学ばかりを受け，すべて不合格となった。浪人することを決め，４月からは上京し学生寮に住み予備校の授業にしっかりと出席している。予習もきちんとこなし授業に臨んでいたが，５月ごろから少しずつ授業に集中できなくなってきた。そして，このままでは行きたい大学が不合格になると思うと心配で夜も眠れず，勉強がはかどらなくなった。模擬試験の結果も判定が 10％未満と悪くこのままではまずいと考えるとますます集中できず不安が高まり，カウンセリング室を訪れた。

②Ａくんはある予備校に通う国立理系志望の１浪男子である。現役時は高３の夏前まで一生懸命続けていた吹奏楽の部活が終わってから，受験に切り替えることが難しく，あまり勉強に身が入らなかった。一人いる兄は有名国立大学に合格しており自分もどうにかなると漠然と考え，模試の合格可能性判定が 10％も

ない予測となった実力以上の大学ばかりを受け，すべて不合格となった。両親には甘かったと言われ1年限りであれば浪人してよいという条件を示され，Aくんは両親に頭を下げ，4月からは上京し学生寮に住み予備校に通う許しを得た。親に心配をかけ経済的な負担もさせていると考え，気持ちを入れ替え授業にしっかりと出席した。当初は予習もきちんとして授業に臨んでいたが，5月ごろから少しずつ授業に集中できなくなってきた。このままでは行きたい大学が不合格になると思うたびに，気合が足りないと思い直し机にしがみついてきたが，徐々に授業についていけなくなった。このままではだめだと考えていたら夜寝付くのに1，2時間かかり，朝起きても疲れが取れない感じがあり，勉強もはかどらなくなった。模擬試験の結果も悪くこのままではまずいと考えるとますます集中できず不安が高まり，カウンセリング室を訪れた。

③Aくんはある予備校に通う国立理系志望の1浪男子である。現役時は高3の夏前まで一生懸命続けていた吹奏楽の部活が終わってから，受験に切り替えることが難しく，あまり勉強に身が入らなかった。一人いる兄は有名国立大学に合格しており自分もどうにかなると漠然と考え，模試の合格可能性判定が10%もない予測となった実力以上の大学ばかりを受け，すべて不合格となった。両親には甘かったと言われ，自分でもようやく現実に気づいてくやしさを感じた。そして1年限りであれば浪人してよいという条件を示され，Aくんは両親に頭を下げ，4月からは上京し学生寮に住み予備校に通う許しを得た。自分のふがいなさから親に心配をかけ経済的な負担もかけているとAくんは強く反省し，気持ちを入れ替え，気合を入れ直し授業にしっかりと出席した。当初は予習もきちんとこなし授業に臨んでいたが，5月ごろから少しずつ授業に集中できなくなってきた。あれだけ4月に心に誓ったのにと自分にふがいなさを感じ，こんなことではだめだと自分に喝を入れ机にしがみついた。しかし徐々に，どんなに気合を入れても授業についていけない日々が続き始め，Aくんは自分を強く責めた。こんなに意思が弱ければ，行きたい大学が不合格になるし，どこか入れる大学に入学しても，やる気が起きずつまらない学生生活になると思うと，自分の将来に絶望的な気持ちになった。このような意志の弱い人間は将来もだめだ，もう自分の人生に希望を持てないと不安になり，寝床に入っても1，2時間は寝付けない状態となった。朝起きても疲れが取れず，何のために勉強しているかわからずむなしい気持ちになり，ぼーっとして勉強がはかどらない。模擬試験の結果も悪くショック受け，焦ってしまい集中できず不安になるばかりで，もう自分では解決できないと感じカウンセリング室を訪れた。

2. 3つのまなざし

　大学受験生の悩みは，受験生症候群（熊倉，1991）として，大学受験予備校で活動する私たちの心の支援チーム（公認心理師・臨床心理士，精神科医の10数名）は，注目してきた。それは集中困難を中心として不安や抑うつ，焦燥といった情緒的訴えを有する状態であり，受験生であれば誰でも一時的に経験することがある状態と考えた。そして大学受験予備校という場で長年にわたって支援を続けている。その支援の中のよく出会う典型例がこのAくんである。いくつかのケースを組み合わせ事例を構成している。

　①は，クライエントの状況について，学力，出席状況，睡眠状態，集中の程度といった，大学受験生として重要な部分を切り出して，その優劣（または程度の強弱）を評価している。学力ももちろんのこと睡眠の質や集中力の程度も，好ましい－好ましくないといった基準で評価すれば，量（数字）で測定することが可能であろう。数字で表せられるということは，集団の平均やばらつきも示すことができるということである。ある程度客観的な状態を記述でき，外国の集団との比較なども数字を用いて行うこともできる。つまり，Aくんに，学力や健康状態といった，受験という場における好ましさを評価される個人，すなわち評価される個 person assessed としてのまなざしが向けられている。このようなまなざし（視線の方向）を，「評価対象者 person assessed」としてみるまなざしと呼ぶ。

　一方，②は，評価対象者のまなざしも含むが，それに加え，Aくんの経験してきた過去の生活や，現在の受験生活，そして将来の見通し（生活）への予想など，過去，現在，未来の生活にまなざしが向けられている。Aくんの人生のストーリー（物語）は，①よりも②の方がはるかに豊かに把握されている。その生活のストーリーの中で，集中困難がどのように生じてきたか，また不眠や不安がどのように展開しているのかにも焦点が当てられている。これは生活者としてのAくんを把握しようということであり，生活を営む「人 person」としてかかわるまなざしがそこにある。生活者としてみるまなざしである（佐々木，2002）。この②「人 person」のまなざしによって，①「評価対象者」のまなざしと比較して，Aくんの内的世界がぐっと近づいて立ち現れていることを感じることができるだろう。

　さて③であるが，この記述では，②の「人」のまなざしに加えて，その時々で生じているAくんの深い心情に焦点を当てている。生活をする中で感じた気持ちや感情が生々しさを持って語られており，その心の深いところにある心情にまなざしが向かっていることがわかる。一生懸命に大学受験に臨もうとしているAく

んが，その一生懸命さゆえに壁にぶち当たっている身動きのとれなさを，全身に力が入り，その力がぬけない感覚を我々は感じ取ることができる。一方で，この熱意や真摯さこそがこの青年の価値そのものでもあるという思いも生じ，私たちの心を揺さぶる。

このような心情や情念，深い思い，真に大切にしたい価値に焦点をあてるまなざしを，「人中心 person-centered」のまなざしと呼ぶ。なおここでいう「person-centered」のまなざしは，サイコセラピストが大切にしている基本的姿勢の一つである，いわゆるパーソンセンタード・セラピーといった特定のサイコセラピー理論に基づくものに限定されないことは，これから折に触れて説明する予定である（元永，2012）。

図1-1 にこの3つのまなざしについて示した。同じケースであっても，評価対象者，人，人中心という異なったまなざしでみつめ，かかわることが可能となる。もちろんすでにお気づきのように，これらのまなざしは混ざり合い，それぞれを明確に切り離していくことは難しい性質も有している。しかしながら，サイコセラピストであれば，このまなざしについて，直観的にまた体験的に感じながらかかわっていることに同意いただけるであろう。そして，いまクライエントをどのまなざしでながめているか，またクライエントがどのまなざしから自分を語っているかについて，サイコセラピスト自身が充分に認識していることは，極めて重要となる。

この図は，本書全体に通底する基本的なモデル図となる。サイコセラピーの本質を議論する際に常に立ち戻りたいと思う。3つのまなざしが相互に移動するこのモデルを，3つのまなざしに person が含まれているので，「p 3 モデル」と呼ぶ。この3つのまなざしは，それぞれ別なものであると同時に重なり合うものであり，そして同時に存在する性質でもある。3つのものが同時に存在するという意味では，三位一体的な関係と言ってもよい。そこにすでに「統合的な営み」が始まっている。ここでいう「まなざし」とは，何かを眺める時に，どのような性質や側面に注目するかという見方のことである。

この3つのまなざしを一つひとつ明確に定義することは実は難しい。それぞれ

図1-1　3つのまなざし「p 3 モデル」

が固定的に明確に分けて向けられるものでもない。しかしながら，「評価対象者」から「人」にまなざしが移動する変化や，「人」から「人中心」にまなざしが移る動きは，質感を持って，特には身体感覚を伴ってセラピストは感じることができるであろう。それは主に，セラピスト側に起きる共感という体験が気づかせてくれる。そしてまなざしが移動する時のその質感の変化を繊細に感じ取っていくことが，サイコセラピストの資質として極めて重要である。

　ちなみにこのp 3モデルは，すでに多くの対人サービスの専門家が認識し行っているあたりまえのことと思う。このあたりまえ感を大切にしたい。図1 2にそのイメージをいくつか示した。医療の世界では，全人的医療（日野原，1990）という理念があり，エビデンスに基づく評価にとどまらないナラティヴによる表現を大切にしている。看護や福祉の世界でも，生活をみることや心に寄りそうことは，極めて重視されていることである。一方，サイコセラピーを生業とするものにとっては，このp 3モデルは，いささか単純化しすぎで粗雑なモデルと感じるかもしれない。その指摘は正しいとも思う。しかしながら，サイコセラピーを専門としない人々にとっても，日常感覚で直観的にかつおぼろげに，サイコセラピ

評価対象者　person assessed　　　人を特定のものさしで測る
（学業成績，経済力，地位，効率，エビデンス……）
人の一面だけの機能や能力を眺める
↓　↑　　目に見える基準で数字によって結果が出る
わかりやすい評価値が得られ世界中で共有可能

人　person　　生活を営む人，生活者
一人一人の固有の生活スタイルを尊重する
生きてきた人生のストーリー（物語）を重視する
↓　↑　　家族や親密な人との日常的なやり取りも重要となる
何気ない習慣や雑談の中ににじみ出る世界がある

人中心　person-centered　　その人が最も大切にする価値をみつめる
その人の生き方の深い部分へ関心を持つ
心情や情念，中核にあるその人らしさを大切にする
言葉にならないが尊い何かがあると感じる
深い信頼関係の中で共有される
過去の重要な人間関係が投影される

図1-2　3つのまなざしの詳細

ーの営みに接近できるモデルであるところが，このモデルの肝と認識していただけるとよいであろう。

　ここでいうモデルは，実際に多職種の専門家の間ですでに行われている営みを，その実際をイメージとして把握し，その行われている動きへの認識を深め，改善する際の素材として用いることを可能とするもので，実践の中から作られてきたものである。実際，サイコセラピーの統合的営みや対人サービスとしての営みを論じる上で，共通認識として重要と考える。そして，対人サービスの営みにおいてすでに行われているまなざしの変化に着目し，その変化に移動という言葉を，本書では与えてみたい。そして，対人サービスの専門家がその移動に自覚的であることによって，臨床の営みに大きな恵みが得られることにも注目したい。

3．サイコセラピーにおけるまなざしの移動

　このp3モデルを通してサイコセラピーの営みを考えてみると，まなざしの柔軟な移動そのものが，サイコセラピーにおいて決定的に重要であることに気づくであろう。サイコセラピストが歴史的に特に意識してきたのは，評価対象者→人→人中心，という人の内的世界へ深く入りこむ営みではなかったか。この人の心的世界に深くまなざしを向けていくプロセスを，まなざしの「深まり」と呼ぼう。まなざしの深まりは「関係性」の深まりでもある。そして，この深まりの作業は，サイコセラピーの重要な機能の一つであることは疑いない。Ａくんの心情への寄り添いが①→②→③と深まっていることに，同意いただけると思う。

　しかし，このまなざしの深まりは，サイコセラピーに限らず，医療，看護，福祉，教育，司法，労働といったあらゆる分野における専門家による対人サービスの中で，見出されるであろう。深まりのない対人サービスは，表面的でマニュアル的であり，充分な機能を持ちえない。ベテランの腕のよい対人サービスの担い手は，どの職種であっても，知らず知らずのうちに，何らかのまなざしの深まりのための作業を行っていると思う。

　もう一歩踏み込んで指摘するならば，まなざしの深まりは，人々の日常（すなわち生活の場）においても自然に生じているのではないだろうか。深まりを促進する最も強力な方法は，にこやかにあいさつすること，そしてまた会えることを願うこと，そして会い続けることであろう。心を通じ合い語り合うことで，人中心（person-centered）へのまなざしを持ちかかわりあうことは，実は有史以来人類が繰り返し行ってきた営みとも言えるであろう。

　サイコセラピーにおいて重要なことは，このような自然発生的な，または種々の対人サービスにおいて意識せずとも行われている深まりが，日常の生活の場に

おいて何らかの理由で充分に体験できないでいる人に対して，サイコセラピーという多様なかかわりや技術を通して，その深まりのプロセスを活性化させ，何らかの有益な影響がクライエント内に生じるよう支援することと言えるかもしれない。ここにサイコセラピーの本質を感じることができる。そして，そのような支援が成立するために，サイコセラピストのまなざしが柔軟でかつ思索的で，豊かなものであることが必須となる。

　たとえば，人中心のまなざしでのかかわりを重荷に感じる人がいる。あまりに深刻なトラウマを抱えている人などが典型的であるが，赤裸々な内面にまなざしをあてるサイコセラピーよりも，まずは今の日常で求められること（今晩ご飯をどこで食べて何時に床に就くのかとか明日の学校を休むかどうかとか）といった現実的な生活，そしてその生活によって得られるほのかな安心感へのまなざしが，効果的であり優先される。またたとえば，人中心のまなざしで内面の深い部分での対話がなされた後に，日常生活の場にその影響が生じて支障が出る可能性についてあらかじめ話し合ったり，実際の学業成績や職場での業務評価についてどう向き合ってよいか話し合うことが，重要となる場合もある。Aくんのような受験生とのかかわりにおいても，深い思いの語りにとどまらず，結局のところいま目の前にある大学受験とどう向き合っていくかという現実生活についてのまなざしが大切であることを，大学受験予備校における心の支援において私たちはしばしば経験する。

　このように，クライエントの心理状態や病理，置かれている状況に応じて，まなざしが柔軟に移動し，最も効果的な関与を目指すことが，サイコセラピーの醍醐味でありかつ本質である。まなざしの移動は固定化しない瞬時に起きるものであるが，面接室の中でそれが固定化しクライエントの生き方が窮屈なものとなっているとセラピストが感じることがある。その窮屈さに気づくところからサイコセラピーの営みが始まることもある。そしてクライエントとセラピストとの間に信頼関係が生まれ，真の意味での深まりのプロセスの歩みが起きるとするならば，そのサイコセラピー内の体験自体が，クライエントにとって意義深いものとなろう。

　繰り返しになるがすべてのサイコセラピストは，すでにこういったまなざしの移動を，意識せずとも自然と行っている。そのことに自覚的であれば，まなざしの移動が難しくなる場面への気づきと，その時のセラピストの心の中で生じていることへの充分な振り返りを促進すると思うし，それはセラピストとクライエントとの関係にとって利益をもたらすであろう。そのようなまなざしの移動を通して，心の深い世界に寄りそう瞬間を見逃さないこと，その営みにも，サイコセラ

ピーの本質を垣間見ることができる。

4．クライエント自身のまなざし

　ところで，サイコセラピーにおけるまなざしは，セラピストからクライエントに向けられるだけではない。クライエントもまたまなざしをセラピストに，そしてクライエント自身にも向けている。評価対象者としてのまなざしでセラピストが物事を見ている時，クライエントも評価対象者としてのまなざしを周囲にそして自分自身に向けていることが多いであろう。Ａくんは周囲から評価されると同時にＡくん自身もまわりを数字で評価するまなざしを向けていた。

　しかし面接室でさまざまなことを語る中で，生活している人としてのまなざしをセラピストから向けられていることを感じる中で，生活している人としてクライエント自身を眺めたり，周囲の人へ生活者としてのまなざしを向けるようにもなる。そしてそのまなざしからのクライエントの語りは，セラピストの人としてのまなざしを深いものにする。そのような相互作用によって，Ａくんは生活者としての自分に気づきそれを味わうことにもなろう。

　そのような相互作用は，クライエントの深い心情や思い，希望や絶望に焦点があたることにつながっていく。カウンセラーが深い心情を大切なこととして眺める時，クライエントも自分自身の深いコアな気持ちに向き合おうとする。クライエントにもまなざしの移動が起きることとなる。

　少し違う表現で説明するならば，クライエントとセラピストのまなざしが，評価対象者としてのまなざしのレベルで重なり合ったり，生活者というまなざしを共有しあったり，深い心情のところで重なり合ったりする体験をするということである。クライエントが自分がむけているまなざしと同じように，目の前のセラピストがまなざしを向けているという体験は，そのようにそれまで体験できなかったほど，心強くかつ強烈な出来事としてクライエントには感じられることもあるかもしれない。

　これらを整理するならば，図 1-1 に示した p 3 モデルは，セラピストのまなざしの移動を示しているだけではなく，クライエントのまなざしの移動をも示しているということである。そのことを示したものを図 1-3 に示した。ここで山本（2018）の考えに習うと，セラピストのまなざしの向けた先が視点（図 1-3 のクライエントの各要素），まなざしをむけているセラピストの立ち位置を視座（図 1-3 のセラピストの各要素），そしてセラピストの視界は，クライエントのすべての要素に広がっているということができる。まなざしという言葉は，視点，視座，視界のすべてをゆるやかに含んだあいまいさを持っていることがわかる。

セラピストはクライエントに，さまざまなまなざしを向けるが，クライエントもまたセラピストに，また周囲に，そして自分自身にさまざまなまなざしを向ける。そしてセラピストのまなざしの移動が，クライエントのまなざしの移動も促進することになる。時には，クライエントのまなざしが移動する瞬間に，セラピストが気づき共感することで，そのまなざしの移動がより豊かに体験されることにもつながるであろう。クライエントがセラピストから人中心のまなざしをむけられていると，クライエントが肌で感じ共鳴することで，クライエント自身が人中心のまなざしを自らに向けるようになることもあろう。その共鳴体験は，クライエントにとってこれまで感じてこなかった意義深い体験として，いや過去の重要な他者との関係の中で感じていたこと，または欲していたのに感じることができなかったとの感覚として，心と身体にきざまれていることに気づくきっかけにもなり得る。そのような体験を，時に転移と呼ぶ場合もあるかもしれないが，心の深い部分で生じるこのような動きをあつかうことが，サイコセラピーの本質的なプロセスの一つと言うこともできよう。

5．心理的不調と回復のプロセス

このまなざしの移動をキーワードとして，心理的不調をめぐるプロセスについて考えてみたい。心理的不調として，たとえば抑うつ，不登校，心的外傷といった言葉がイメージされるかもしれない。Aくんの例でいうならば，集中困難，不眠，意欲低下といった状態を考えるであろうか。これらの状態を表す言葉は，Aくんの不調を短い語句で共有するためには便利な言葉である。たとえば集中困難がどの程度あるのかというまなざしは，その程度を測定する評価尺度によって数値化することも可能であろう。これは評価対象者として向けるまなざしである。

一方で，集中困難や不眠に関連するさまざまな生活のストーリーがあり，そのストーリーの中で生じた難しさや無理，時に努力の結果として，心理的不調と言われる状態が生じているとみるならば，そのまなざしは生活を営む人としてみる

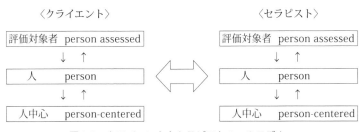

図1-3　クライエントとセラピストのp3モデル

まなざしと言えるであろう。

　もっと深まった人中心のまなざしを向けるならば，大切な価値観を守るがために，Ａくんがさまざまな無理をしていることが見出される。しかしＡくんもそして周囲の人々も，その大切な価値にまなざしを向けず，集中するという目の前の成果を求め，頑張ってしまう。その結果として，Ａくんはますます自分のできなさを責めることとなる。

　そのように考えると，Ａくんの不調は，Ａくん自身が自分にむける評価対象者とみるまなざしを移動させることが必要であったのだけれど，適切な移動が日常生活の営みの中ではできなかったことによって心のあり様に無理が生じているとも考えられる。そしてまなざしの移動を可能とするセラピストとクライエントとの信頼関係の中で，Ａくん自身が人中心のまなざしで自分の心の中で起きていることに気づき，その世界をじっくりと味わう機会があることで，心理的不調をきっかけとして，成長への大きな機会を得ることができるのではないか。

　それを図にしたのが，図1-4である。評価対象者として眺めるまなざしが固定することによって徐々に不調となっていくことを，図では「不調のプロセス」と記した。そのプロセスが進むことで，自分のみでは対応できない「混乱」の状態となる。これが図では「不調」である。ここで日常生活を送る中で自然と回復する場合もあるが，その「回復プロセス」においては，評価対象者として固定されていたまなざしから，生活者として，そして自らが大事にしている深い心情へまなざしを向けることで，視野が広がるという場合もあろう。自然とそのような「回復プロセス」が起きない場合，サイコセラピーによるまなざしの移動体験が必要となると考えられる。

　サイコセラピーとは，このようなクライエント自身のまなざしの移動を，安全かつ安心できる枠組みの中で行う営みである。ここでいう枠組みとは，ルールとかセッティングと言われるもので，面接場所，時間，料金，面接頻度，予約方法，キャンセルの扱い，目指すゴールといった，サイコセラピーを行っていく上で，

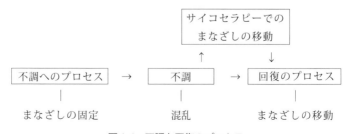

図1-4　不調と回復のプロセス

クライエントとセラピストの間で話し合い合意し契約をしておくべき基本的な構造のことである。サイコセラピーにおいて構造が重要であることは，日本においては小此木（1990）によって指摘されている。

　この構造によって，人は評価されることに圧倒される世間から離れ，セラピストとの間で，大切なものを大切にしていく体験を深めることができる。小此木（1990）は治療構造を定義したが，図 1-5 では，治療に限らないより広い相談を含む意味で「相談構造」とし（元永，2003），その相談構造とｐ３モデルとの関係について示した。相談構造によって守られることで，その中でのまなざしの移動が安全かつ柔軟な形で行われることを読み取ることができる。

　さて心理的不調に話を戻したいが，心理的不調とは，まなざしが移動することによって，その内容が変化する性質を持つ状態と言うこともできよう。わかりやすく言うならば，心理的不調は，さまざまな見え方ができる，一つの状態として固定的に把握することが難しい状態と言えないだろうか。たとえばＡくんの不眠は，評価対象のまなざしでは，充分に眠るという基準で測ると１，２時間の入眠が難しいということになり，入眠困難という症状として把握できる。しかし，人のまなざしでいうならば，勉強についていけず何とかしなければと考えるその努力が睡眠時間を削ることになった，その努力せねばとの思いの強さゆえの眠れなさ，ととらえることもできる。そう考えるならば，入眠困難は，なくすべき症状であると同時に，この症状と表裏の関係にある努力への思いの強さの表現とも言える。そしてその強い思いを充分にくみ取り，その強い思いを持ったことをほめたたえ，それに空回りされずどう活かしていくとよいかについて考える作戦会議を行う方針は支援として有益な場合もあろう。

　もしまなざしをさらに深化させ，人中心のまなざしからかかわるならば，Ａく

相談構造

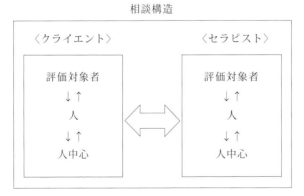

図1-5　３つのまなざしと相談構造

んがなぜそこまで努力しようとの思いを強く持ったのか，そこまでして守ろうとした大切な価値とは何なのかを，Ａくんと共に探し，そして語り合いたいところである。その大切な価値が，過去においてとても大切であったこと，そしていまこの局面においても変わらず大切なのか，それともその価値は重んじながらも，より大切にしたい価値が見出せるのかを，じっくりと語り合うことが求められる時もある。

　このような協働作業は，サイコセラピーが最も得意とするところである。しかし必ずしもサイコセラピーによらなくてもこの協働作業は可能なこともあろう。信頼する友人や教師，偶然出会った知人，家族，誰でもよいのだと思う，自分の深いところをみつめ語りたいという内なるうながしに素直になるならば，このような人中心のまなざしで自らをながめ語り，そして深い気づきを得ることはできるであろう。

　繰り返し述べるが，心理的不調は，明確な評価基準を用いて表現することは可能であるが，それは評価対象者のまなざしからの表現であり，すべてを表しているとは言えない。少なくとも生活者としての人のまなざし，そして人中心のまなざしによって，見え方が異なるものである。そして，評価対象者のまなざしのみで心理的不調を扱うと，その不調をなくすべきもの，改善すべきものという扱い方をしてしまい，その心理的不調と表裏のところに存在するその人の持っている力やその人の人生において大切な価値をみつめていく機会を失うことになりかねない。そしてそれが本人のためにならない場合があることに，私たちサイコセラピストは充分に自覚的でありたい。

6．まなざしが評価対象者へと移動する性質

　社会の急速な発展の中で，数でわかりやすく示される評価基準は重宝される。数は効率化の指標ともなる。これは，産業社会の形成によって歴史的には顕著となった。その社会全体の効率化重視に対する反応としての神経衰弱 neurasthenia という概念が生まれたという指摘もある（熊倉，1991）。我々が提案した受験生症候群は，まさにこの神経衰弱と似た概念であった。数字を用いて単純化すること，単純な因果関係に集約させること，ラベルをつけることなどもこの流れに位置づけられよう。急がせる社会において，効率性が数値となって評価される。それがあたかも人間の価値を決定づけるかのような空気が生まれる。受験とはその最たるものである。時間内に最大のパフォーマンスを出すことが徹底して重視される。しかし受験においてさえも，いや受験という明確な評価基準があるからこそ，人としての深い価値を見出し，まなざしを移動させることの意義深さが注目

されているとも思う（元永，2005）。

　ところで，評価対象者としてみるまなざしの一つの到達点として，心の現象全てを数値化し可視化する営みがある。そのような現状の中で，心のありようを大切にする営みとは何かが激しく問われている。そもそも，脳神経細胞の活動として，わかりやすく楽をして物事を把握し判断しようとする心の仕組みは，人類が進化する中で獲得されてきたものである。たとえば心理学でも簡便な方法で意思決定してしまうヒューリスティックという概念で表現されている（カーネマン，2014）。気をつけたいのが，数を用いる評価という方法で，生活や人中心の世界が示される場合もあるということである。すなわち，ｐ３モデルにおける調査対象者としてのまなざしのみならず，人や人中心のまなざしにおいても，その表現の手段として数が使われるということである。

　サイコセラピストとは，心理学の，数や言葉といったはっきりしたもので心を表現する営みの限界を深い意味で認識しながら，数や言葉が示す世界を慎重に扱うことができる専門家と言えるかもしれない。この点は，他職種とは決定的に異なるのではないだろうか。数での表現と数では表せられない部分とが大きく引き裂かれている心の世界に対して自覚的であることが，心理学，特に臨床心理学という学問としての大きな特徴であろう。これらのことはベテランの臨床家や人生を達者に生きている人々は経験的に気づいている。そして，それらの経験知を言葉や概念として取り扱っていこうという試行錯誤の学問が，心理学の本質の一つと言ってよい。

　まなざしの移動を相談構造という守られた構造の中で行う営みは，クライエントとセラピストがともに安心してゆれること，すなわち「ゆらぎ」が大切にされていることを意味する。このともにゆらぐことが共感の営みであり，ゆれながらも中立的であること，そして客観的であることが，臨床心理学の学問として重きを置いてきたことである。ゆらぐからこそ「ゆらがない」ことへの営みや思索が歩みを重ねてきたということもできる。多くのゆらぎを経験したからこそ，サイコセラピー理論が構築されるという世代を超えた臨床心理学の学問の性質もまた重要である。

　ところで教育という営みも，まさに人の成長に寄り添うものであるがゆえに，ゆらぐこととゆらがないことのぶつかり合いがその本質的部分に横たわる。たとえば，成績評価（効率主義含め）のまなざしと人間の本質的価値を求める姿勢は，常にぶつかり合うことになる。学校コミュニティには，そのような現実的な難しい課題が横たわっている。そのような生活の場（コミュニティ）における心の支援のあり方について，私たちはまた考えを深める必要があろう。

7．まなざしの移動を保証する学問のあり方

このようなまなざしの移動やゆらぎを熟知し，効果的な移動を促しそして寄りそえる存在が，サイコセラピストと言ってよい。そのようなまなざしの移動を，安定しまた継続的に行い，どの分野や文化背景においても自律的にかつ責任をもって有効に行えることが，心理学に基づく専門職 professional として重要な要件とも考える（マツィリア，2003）。また専門職としては，他学問との相互作用についても熟知しておく必要がある。その上で専門職の限界を率直に認め，謙虚さと責任を充分に有することが重要である。

専門職には，professional 以外に，expert という類語がある。expert は一つのまなざしにおいては熟達し秀でていることを意味するが，professional は，多様なまなざしに好奇心を持ち，それらのまなざしのいくつかを熟知し，最適なバランスを持ち物事をながめ質の高い結果を出す自律性と責任性を有した専門職といった意味である。つまりまなざしの移動に関する資質は，心の支援におけるプロフェッショナリズム（professionalism；専門性）として重要である。

そのように考えると，対人サービスにおける専門家は，最良のサービスの質を確保するという意味では，professional であることに加え，他分野の学問に熟達した多領域に秀でている multi-disciplinary（多学問領域的）な専門家が好ましい。そして対人サービスをささえる基盤の学問体系も当然多様なまなざしを有するべきである。近年，エビデンス重視の考え方が影響力を増している中，多領域にまなざしを向けまなざしを移動させることを充分に意識する学問のあり方が問われている。特に目に見えない心の世界を扱うサイコセラピーの営みにおいて，まなざしは単一化し固定化し，独り歩きしやすい性質を持つことに，心の支援に関するプロフェッショナリズムとして充分に自覚されるべきである。

Ａくんとのかかわりでいうならば，Ａくんを固定的なまなざしでみてしまうことに常に留意しながら，Ａくんとの相互作用を通してまなざしを柔軟に移動できること，それはＡくんから学ぶという姿勢でもあるのだが，そのようなクライエントから教えてもらうというサイコセラピーの基本的姿勢を大切にしたい。またクライエントが自分のまなざしを固定化して窮屈なものとしてしまう仕組み，それは家族のまなざしとの関連や友人との関係なども影響していて，Ａくんの心の中のストーリーがあるのだが，そのストーリーを知ることがまた，まなざしを移動しながら理解することにつながるであろう。一方で，Ａくんについてまだわかっていないこともあるという professional として自分の限界にも自覚的であることもまたセラピストの姿勢として重要である。そのことを率直に表明できること，

　そしてそのわからないあいまいな状況においても，理解しようとする姿勢と情熱を保ち続けることがサイコセラピストには求められよう。

　そもそも，人とのかかわりはどうしても固定化し窮屈なものとなりやすい。なぜならば，ある時期にうまくいったかかわりが，その成功体験から継続して固定的に続けられがちとなるからである。俗にいう「味をしめる」「2匹目のドジョウを狙う」といった思考パターンである。状況にあわせてまなざしが柔軟に移動すればよいが，まなざしが固定化されたために，人と人との豊かなかかわりが失われ人間疎外に陥ることに気をつける必要がある。まなざしの移動が行われ，人間としての最も大切なものが共有され，一方で科学的な客観的尺度での測定による把握も行われる，そのような人間的かつ科学的なバランスを有した人間回復運動とでもいうべき対人サービスの質の向上が求められているのであろう。

　ところで，臨床心理学 clinical psychology という言葉は，ヴント Wundt, W. の心理学実験室で博士号を取得したウィトマー Witmer, L. が作った相談室で，子どもの学習上の困難を検査を用いて測定し，評価対象者としてまず状態把握をした後に，働きかけをしていく経験の中から生まれることとなった（Witmer, 1907）。臨床心理学が学問として成立するにあたって，そのような評価対象者としてみるまなざしを重視することが歴史的に必要だったことは示唆的である。そしてその後の歴史において，内的世界へのまなざしの重視，深まるプロセスの重要性が，徹底して重視されるようになるが，現在においても，評価対象者としてみるまなざしで行われる心理査定として，心理尺度や知能検査などがある。これらは心理専門職として重要な営みである。

　一方で心理査定には，人中心のまなざしが重視されるものもある。投影法の心理査定の多くがこれに該当する。サイコセラピーの営みの中で，投影法的な心理査定の経験を通して，評価される対象と人中心とのダイナミックな姿を，把握しようと注力してきた歴史が，臨床心理学にはある（小川ら，2015）。どのようにクライエント理解しそれをどう共有するかについての投影法的な営みの中で，評価対象としてのまなざしと人中心のまなざしが，セラピスト側からもクライエント側からも向けられ混ざり合う。それはまさにまなざしの統合的展開と言えるのかもしれない。

　Aくんを例にとれば，Aくんは自分の集中できない状態に「だめな自分」という認識を投映し，その「だめな自分」であることが試験本番に深刻な影響を及ぼすと連想した。そしてそのような自分の将来に悲観的なイメージを持つに至った。それは，自分の状態，そして自分の将来に対して，そのような悲観的なまなざしを向けた，投影したと表現することもできる。セラピストは，そのようなAくん

のまなざしを，まさにAくんが向けているようにそのまま体験する営みを行う。この営みは，まさにロールシャッハの図版に，被検者がどのように見ているか，同じように見てみたいので，その見方を教えてもらうという営みとほぼ同じではないだろうか。

　現実世界に起きていることに投影する営み，その時心の中に何かがあること，それは言葉にならない，人中心（person-centered）の深い世界が横たわっているのであるが，そこに近づきなるべく同じように体験しようという営みこそ，臨床心理学が歴史を重ねてきたメインストリームである。まなざしの共有，そしてまなざしの移動の歴史こそ，臨床心理学やサイコセラピーの本質の一つと考えたい。

　もちろん繰り返しになるが，人中心の世界へのアプローチは，医学や看護学，福祉学，教育学その他の学問においても重要視されている。しかしながら，臨床心理学以外の学問においては，人中心へのまなざしは，各学問の目指す目的達成のためのプロセスにおいて付随的に求められるものだったり，理念としては重要であるが，実際のアプローチの技術や方法はまた別な営みとしていることもある。臨床心理学においては，人中心へのまなざしやまなざしの移動は，中核的なかつ本質的な営みとなる。

　このようなことを考えると，サイコセラピストは，心の深い部分にかかわる営みを行うスキルと情熱を持ち，そしてまなざしの柔軟な移動を大切にしようとする専門家ということも可能であろう。まなざしの移動とは，サイコセラピストのまなざしの機能と役割をとらえる営みでもある。セラピストが自らのまなざしを充分に意識していければ，それは瞬時にクライエントが有しているまなざしへの理解につながり，クライエントの気づきを促進し豊かなものにするであろう。このような意識をセラピストが持つことで明日からの臨床をほんの少しでも変えていくことができる。Aくんへの専門家のまなざしの変化そのものが，Aくんへの利益に直結することに自覚的でありたい。

　そして，まなざしを向けるセラピストの立ち位置そのものが，まなざしの移動とともに変化することに気づく。セラピストの全身が，腰を入れて立つ位置そのもの，そして関係性を変化させていく。すなわち，その臨床的姿勢や心構え，問題意識そのものの移動が同時に起きること，そしてその移動が質感を持って体感されることに，注目したい。学問のすべて，そしてセラピスト自らの資質をすべて用いて，その人に徹底して寄りそおうという姿勢を持つことで，クライエントの変化を質感を持って感じることが可能となる。その深い情熱と繊細さ，責任性への自覚は，サイコセラピストの専門性であり職業倫理そのものとも言えるであろう。

さてそれでは，まなざしの移動，特に深まりは，サイコセラピーにおいてどのように行われるのだろうか。そしてその深まりが，クライエントにどのような影響を及ぼすのだろうか。これらを次章において考えてみたい。

文　献

日野原重明（1990）生と死に希望と支えを―全人的医療五十年に想う．婦人画報社．

カーネマン，D.（村井章子訳，2014）ファスト＆スロー―あなたの意思はどのように決まるか？早川書房．

熊倉伸宏（1991）大学受験生にみられる神経衰弱状態の分析．こころの健康，6: 74-81.

マツィリア，J. ＆ホール，J.［下山晴彦監訳］（2003）専門職としての臨床心理士．東京大学出版会．

元永拓郎・佐久間祐子・早川東作（2002）"Brain-fag 症候群" と "受験生症候群" との文献的比較検討．日本社会精神医学会雑誌，11: 29-41.

元永拓郎・早川東作（2005）受験生，こころのテキスト．角川学芸出版．

元永拓郎（2003）学校心理臨床における「相談構造」試論―「治療構造」との比較検討．帝京心理学，6: 27-42.

元永拓郎（2012）認知症の人へのサイコセラピー的接近．精神科，20: 27-32.

小川俊樹＆伊藤宗親（2015）投影査定心理学特論．放送大学教育振興会．

小此木啓吾（1990）治療構造論序説．In：岩崎徹也ほか編：治療構造論．岩崎学術出版社，pp.1-44.

佐々木雄司（2002）生活の場での実践メンタルヘルス．保健同人社．

山本力（2018）事例研究の考え方と戦略．創元社．

Witmer, L.（1907）Clinical psychology. Psychological Clinic, 1: 1-9.

第2章

移動を促進するアプローチ
探－深　seeking

〈この章のまとめ〉

　まなざしの移動を促進する営みとして，サイコセラピーは多くの工夫をしている。それらは，傾聴や共感として来談者中心療法で強調されるが，「探す」作業そして「深まる」営みは，すべてのサイコセラピー理論において言及されるであろう。また「深まる」ことが難しい場合や「深まる」ことが混乱を生み出すことについても，サイコセラピーはさまざまな経験を蓄積している。「探」と「深」がこの章を象徴する言葉である。

1．認知症の人と3つの視点

　この章では，前章でふれたまなざしの深まりについて，別な例を挙げて説明したい。評価対象者 person assessed のまなざしは，大学受験生は学業成績で当然評価される対象であるとの指摘もあろう。そこである認知症の人について，①評価対象者，②人，③人中心，のそれぞれのまなざしでみつめ，そのまなざしの移動について考える。

① 70代の女性Bさん。数年前より重要な約束を忘れることが続き，本人はあまり外出しなくなる。最近徘徊して警察に保護された。家では物盗られ妄想から同居する息子を責め立てるなど BPSD（認知症の心理行動症状）も出てきた。着衣にも介護が必要となったが，介護拒否がみられた。

② 70代の女性Bさん。もともと多趣味でよく外出していた。家ではお金の管理を一手に引き受けていた。数年前より重要な約束を忘れ，友達に迷惑をかけることを気にして足が遠のいた。一方好きな散歩をするともやもやした頭がすっきりするので散歩した。散歩中に何をしているか忘れ警察に保護された。お金を使ったことを忘れ，お金がないのはなぜか不安の中で考え，盗られたとしか思えなくなり，同居家族を責めるようになった。一方で，服の着替えができな

いことを受け入れられずにいて，家族の手助けに反発して感情的になった。

③ 70 代の女性 B さん。もともと多趣味でよく外出していた。家ではお金の管理を一手に引き受けるなど，自分のことは誰にも頼らずに行っていた。最近重要な約束を忘れ，強いショックを受けた。友達に迷惑をかけることを気にし，一方で誰にも相談できずもんもんとして足が遠のいた。好きな散歩をするともやもやした頭がすっきりするので，取りつかれたように散歩を繰り返した。しかし，散歩中に何をしているか忘れ警察に保護されることが続いた。お金を使ったことを忘れてしまうが，元来お金の管理は厳密に行っていたので，お金がないのは誰かが盗ったからだと考え，理不尽だと同居家族に腹をたて修正がきかなかった。そのことを家族から否定されると，ばかにされほこりが傷つけられたと感じ興奮してしまった。服の着替えができないことを受け入れられずにいて，家族の手助けが自分を子ども扱いしていると受け止め，介助する家族に反発して怒りをぶつけた。

２．p３モデルの展開

認知症を持つ人数名から構成した B さんのアウトラインである。上記①のまなざしでは，もの忘れや徘徊，もの盗られ妄想，BPSD，失行といった認知症の症状が記されている。ちなみに BPSD とは，Behavioral and Psychological Symptoms with Dementia（認知症の心理行動症状）のことで（木之下，2010），徘徊や妄想はここに分類される。これらは診断基準等によって「ある」「なし」で評価できる。つまり医学的まなざしで患者である B さんの症状をなるべく客観的に評価している。診断するという評価対象者としてみるまなざしを向けている。もっとも本来の医学は，臨床の知を含んだ総合的なものであるから，エビデンス（科学的根拠）重視は，医学の一側面を示すに過ぎない。しかしながら，近年の医学は，エビデンスに基づく医学が重んじられ，大きく進歩しているという現状がある。認知症の進行をゆるやかにする薬も，エビデンス重視の中で開発され有効性が証明され，全世界で用いられている。このような強力な科学としての医学のまなざしにより，多くの人々が新しく開発された薬や医学的検査の恩恵を受けていることは自明のことである。

もう一つ医学のまなざしのすばらしい点は，医学がもっとも確実な方法でその状態の未来（リスク）を予測することができるという点である。すなわち病や症状の予後を，これまでの経験をもとに科学的根拠に基づいて予想することができる。特に死に至るといった深刻な病や症状については，生命予後を％で表すこと

ができる。もちろん必ずしも精度が高く生命予後を示すことはできない場合もあるが，大まかな見通しを示すことができることは，この不確実な世の中にあって大きな力となる。その生命予後をよい方向とするためには，どのような治療があるか，またどのように過ごすとよいかについて，医師－患者関係の中で具体的に話し合うことができる（そうすることが強いられる場合もあるが）。もちろんまだまだ医学が力不足の分野も多い。認知症はもちろんだが，難病やがんの一部などはそうであろう。しかし，客観的評価対象のまなざしで，世界標準の診断基準を作り，無作為化二重盲検という最も科学的精度の高い方法を用い，世界中の医学関係の専門家および企業が，病の克服に向けて尽力している。その恩恵を私たちは患者という立場で圧倒的な形で受けることが可能となる。このようなグローバルな営みが，"①評価対象者"のまなざしとして立ち現れているのが，21世紀の今の現状である。

　②について考えてみよう。徘徊や物盗られ妄想といわれる「症状」の背景にあるBさんの人生の歩みや生活の営みがみえてくる。「徘徊」といわれるものが，Bさんなりの生活をよいものにするための対処であることとか，お金の管理には人一倍責任感を持って臨んでいたがゆえに，思い違いであるとはいえ自分の思ったところにお金がないことによる戸惑いと原因追求としての盗った人探しの気持ちなど，生活を本人なりに営もうとしているBさんのがんばりを垣間見るであろう。そしてその生活者としての振る舞いは，認知症であろうとなかろうと私たちすべてと共通しているとも感じる。これが人personのまなざしである。

　ここでいう人personとは，生活者という意味が大きい。人のまなざしとは，生活者としてみることである。Bさんで言えば，認知症の症状と言われるものの中には，生活の中での支障なるものとしてみることも可能だが，本人が生活を営む上での工夫や対処としてみることも可能なものもある。そう考えるならば，「徘徊」は医学からみると認知症患者の症状であるが，人として生活からみるとぼんやりした頭をすっきりさせるための対処と考えることもできる。つまり「徘徊」というものが，まなざしを移動させることで，違った性質なものにみえる。

　ちなみに当事者や家族，関係者の間でも，「徘徊」として名前をつけられた行動は，そのような名前では到底語りつくせない多義的で奥深いものを含んでいるとの指摘もある（永田，2015）。その奥深いその人の価値観や人生において大切にしてきた価値にまでまなざしを向けるならば，それは③人中心の段階に至っているであろう。Bさんに寄り添った質の高い支援を行うためには，このようなまなざしの移動が重要となる。

　このように医療が何らなの形で関係する場合のp3モデルは図2-1のように示

図2-1　医療領域における3つの視点

される。医療が関与する場合のまなざしの違いも，すでに多くの専門家によって指摘されている。たとえば，疾病性と事例性という考えでは，病気そのものの性質より，それが誰によってどのように問題とされたか，すなわち事例の持つ特有の性質を考えることが，支援を行う上で重要であるという考え方であり，特に地域保健の分野において強調されている（佐々木，2002）。

3．移動を促進する営み

　まなざしが移動し深まることを促進する営みとはどのようなものであろうか。まず，継続して会うことを積み重ねることは，それだけで深まりを促進するであろう。私たちが日常的に用いている深まりの所作は，あいさつすること，そばにいること，ほほえむこと，遊ぶこと，一緒に何かをみつめることなど，多様である。これらは，サイコセラピーの中でも適切に用いられる。

　セラピストがクライエントに関心を持ち続ける姿勢をとること自体が，深まりを促進することとなる。クライエントが好む話題を取り上げることも重要な移動促進となる。話にじっくり耳を傾ける姿勢や，表現された心情をそのまま受け止めておくことも重要である。これらは傾聴と共感という言葉で表現される。また，かかわる側が偏見に対して自覚的であり，先入観なく関与しようとする姿勢も重要である。Bさんに関していうならば，認知症患者は自分で意思決定できないという根強い先入観が専門家側にあり，そのことがBさんから話を丁寧に聞こうという当たり前の姿勢を持てなくさせてきたという点に，私たちは自覚的でありたい。

　このようなまなざしの深まりに関連するかかわりについて，誰にでもわかりやすく示したのは，カール・ロジャーズである。彼は，農学，神学，心理学と専門分野を変えていったことが知られている。multi-disciplinary（多学問領域的）なまなざしを有し，学問間のまなざしの移動を強く意識した人物と言えると思うが，来談者中心療法を提案し，サイコセラピーの分野での効果的なかかわりを行うための中核条件について記載している。それは，①自己一致（誠実さ），②無条件

な肯定的な眼差し（認めること），③共感的理解，である（ロジャーズ，2005）。その中でも晩年最も強調したことが共感であったことは，我々は永続的に心に留めておく必要があろう（ロジャーズ，1997）。

　効果的なサイコセラピーを考える中で，支援を受ける人を，患者 patient や評価対象者 subject ではなく，クライエント client という言葉で，ロジャーズは表すこととした（ロジャーズ，2005；文献中の表記は「クライアント」）。このこと自体がまなざしの変化であろう。そして，クライエントとの対等に近い相互作用が重要であるとの考え方は，心理学に限らない対人サービスに共通の営みとして受け入れられた。そして人類に普遍的に生じている営みとしてのカウンセリング（広い意味での相談という営み）へと，我々の視野を押し広げることとなった。

　ここで対等で相互作用があるとは，クライエントの気づきとカウンセラーの気づきが，それぞれが大切なものとして尊重され，お互いに影響を及ぼし合うことを大事にすることである。カウンセラーには，自らの心と身体に起きた感じに気づき，かつそのまま率直に認めていく姿勢が求められる。そこにカウンセラーとしての専門性 professionalism がある。

　なおこのような深まりを促進するかかわりについては，アイビイ（1985）のマイクロカウンセリングがスキルとしてはわかりやすい。たとえば，「開かれた質問」「閉じられた質問」「はげまし」「感情の反映」といった基本的かかわり技法があるのだが，これらはまなざしの深まりを促進する営みとして重要である。しかしすでに述べたように，これらの技法は，単なる技法としてのみでは存在しえない。その土台となる専門性が必要であることが重要である。

　ところで，これらの深まるための営みは，カール・ロジャーズの提案した来談者中心療法に限らず，精神分析や行動療法，家族療法など，さまざまなサイコセラピーの技法の中に取り込まれている。しかしながら，私の中で強く疑問に感じるのは，これだけまなざしを深める方法として強力なものが生み出され実践されているのにもかかわらず，次の節で示すように，認知症においてその営みが充分に行われなかった人類の歴史があるのはなぜなのか？　ということである。まなざしの移動は重要ではあるのだが，どうもその重要性の認識が常に脅威に立たされゆらいでいるのではないか？　そのことを認知症に対する人間社会の近年史は教えてくれているようにも思う。

4．認知症における 100 年の歴史

　まなざしの移動は，あたりまえのことと感じる人は多いと思うが，実はなかなか難しい。アルツハイマー病は，Alzheimer によって 1906 年に発表された。つ

まり人類がアルツハイマー型認知症について認識してから，今現在約 110 年がたったこととなる。しかし，認知症の人本人の声をきちんと聴こうという考えが共有されるようになったのは，21 世紀にはいってからのつい最近のことである（ボーデン，2003）。つまり，認知症の本人の声をきちんと聴こうという姿勢が共有されるまで，人類は約 100 年を要したことになる。

そして現在においても，なお常に本人に対する偏見のリスクにさらされている。本人を症状や知的能力といった評価基準に照らして測定するまなざしが，本人を圧倒している。本人自身も自らを測定し他と比較している。そう考えるならば，私たち対人サービスの担い手はロジャーズの理論は基本であり身につけていて当然と言っていられない。患者としてみるというまなざしで記憶が衰えた人を評価してしまい，生活している人，人中心としてのまなざしから遊離してしまうことが，現在でも起きている。患者として扱い，症状に対応する薬を次々と出し評価を続けるのみの対応が憂慮されている（厚生労働省，2015）。

評価基準で客観的に物事を把握する狭い意味での科学主義に，人や物へのエネルギーを圧倒的に投入してしまうのが今の時代である。いつでもどこでも，人そして人中心のまなざしが見過ごされ，揺り戻しが起き評価対象者としてみてしまうという歴史が繰り返されやすいとの認識を，私たちは強く持つ必要がある（木之下，2020）。

たとえば，「徘徊」という症状について，図 2-2 をみてほしい。「徘徊」とは医学による評価対象としてみた時に命名される言葉である。しかし歩くことが頭の中のもやもやを晴らすための自己対処として，散歩が行われ，その結果としてどこにいるのかを忘れ結果として迷うこともあろう。出かける場所が明確にあったのだが歩いている間に忘れて迷ってしまう場合もある。歩くことに喜びを見出している場合もある。このように本人の気持ちにそって理解を深めることで，人中心のまなざしに近づいてくる。「徘徊」という医学評価からの言葉は，一面的であり時には偏見を助長しかねない。なんとか自己対処しようとする本人の持っている力を見過ごす危険性さえある。

図 2-2　徘徊へのまなざしの移動

　人中心のまなざしを大切にする認知症ケアのことをパーソンセンタードケアという（キットウッド，2005）。これはロジャーズのパーソンセンタード・アプローチから直接的に導かれた概念ではないが，キットウッドらが新しい認知症ケアを開発したところ，その考え方がロジャーズの考えと似ていたということで，パーソンセンタードケアと命名したとのことである（Kitwood, 1997）。ちなみに英国 NICE（2018）の臨床ガイドラインにおいても，認知症に対してパーソンセンタードケアが推奨されている。本書で人中心のまなざしとは，パーソンセンタードケアによって示される，その人にとって一番大切なことに気づきそれを尊重しながらかかわるという考え方から着想された。

　ところで，「徘徊」という言葉は，クリアで人々に伝わりやすい。一方で，「散歩」「歩く意味」という表現は，起きている現象を明解に表しているとはいいがたい。このように使われる言葉の持つ力が，まなざしを固定化してしまうこと，すなわち専門用語のすばらしさと恐ろしさに関するこの人類の歴史を，対人サービスの担い手である私たちは，忘れてはならない。心理学的概念や精神医学的概念は，そのような切れ味と弱点とを有しているということである。「徘徊」という言葉によって私たちは思考停止すること，そして人の心に寄り添えなくなる危険性に自覚的であることが重要である。医学の診断技術が進歩し，用いる言葉の定義の整理されることで，人中心のまなざしが後退してしまう宿命について，私たちは注意深く心に刻む必要がある。

5．サイコセラピーと深まること

　すべてのサイコセラピー理論は，まなざしが移動し深まることについて，ユニークなまた奥深い表現をしている。たとえば，ラポール，ジョイニング，アイスブレイク，遊ぶ，共同作業などは，まなざしが深まることに関する言葉である。一般に，出会いという営みの中で生じる，あいさつ，敬意，配慮，贈り物，歌，演奏なども重要な深まりへのアプローチであろう。そして，まなざしが深まることと何かを探すこととは，しばしば同時に起きる。探すまなざしが深まりをもたらし，深まりが探す営みを充実させる。

　もちろん，日常の出会いの中での営みに比べて，サイコセラピーは，構造と契約によって適切に制限されることになる。つまり，サイコセラピーによる出会いは，その自由さや快適さの工夫と，構造の構築そして契約による制限の力関係によって，形作られると言ってよい。これらのプロセスは，さまざまな要素を統合し洗練させた展開をみせる。

　クライエントとサイコセラピストが初めて出会う場はインテイク面接である。

初めての出会いをよいものとするために，すべてのサイコセラピストはインテイク面接に大きなエネルギーを注ぐ（鑪ら，2018）。インテイク面接では，主訴とそれにつながるストーリー，家族歴，相談・治療歴などを聴取するが，そのやりとりすべてにおいて，深まるための配慮がなされることとなる。また同時に，かかわる場を構造化させるための導入が，相談構造という非日常の舞台の準備として行われる。またそれらの相談構造を契約という形で明確化することも求められる。

　インテイク面接によって，相談の場が構造化されるだけでなく，本人の語る人生のストーリーも構造化される。これは本人の気持ちの整理ということと同義となろう。図2-3をみてほしい。相談が深まると，図の右のように，評価対象者というまなざしが弱まり，生活者としての人と大切にしている世界が語られる人中心の世界に，セラピストは寄りそうことになる。外側の相談構造の枠の中に，もう一つ内的世界に限定された相談構造が作られる。

　この2重構造こそサイコセラピーに特徴的な場の設定である。この2重の枠に守られた環境において，クライエントとセラピストの相互のまなざしは深まる。そして重要なことは，相談が終盤になると，この2重構造の内側の枠がゆるみ，現実の世界に近い評価対象者としてのまなざしがよみがえり，外側の枠が意識され，面接の終了とともにこの外側の枠もその役割を一旦終えるという点である。

　この相談構造の枠において，主訴を大事にすることの重要性は，多くの臨床家によって繰り返し指摘されている。本人との出会いにおいては，主訴に関する理解の深まりが相談の場を意義深いものにするのは言うまでもない。主訴には通常2つのレベルがある。一つは「最も困っていること」，そしてもう一つは「（ここに）期待していること」である。前者が重要であることは疑いのないことであるが，後者を上手に聴けるようになることが，駆け出しのセラピストにとっては重要なポイントとなる。

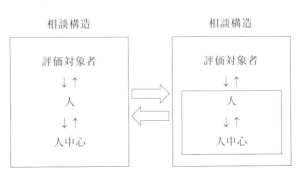

図2-3　相談構造の変化

　ところで，最も困っていることについては，さまざまな評価尺度で測定することも行われている。期待していることについては，なかなか尺度で測定することは難しい。ちなみに期待していることについては，症状をなくしたい，病気を治したいといった，症状や病気といった言葉を使わずに，どうなりたいかを生活へのまなざしの中で聴けるとよい。「もう少し楽に生活したい」「生活を支障なく過ごせるようにしたい」といった感じである。このような主訴が語られる時，人へのまなざしの移動が生じていることを感じさせる。

6．深まることと戻ること──そしてゆれること

　まなざしの移動によって深まる質感を感じることが重要である。一方で，深まることによって生活上の支障が生じたり，病状が悪化する場合がある。このことをめぐってサイコセラピー理論は，長年検討を重ねてきた。一般的には，人格障害圏や精神病圏の人の中に，サイコセラピーによる深まりが，内的世界を揺り動かし，適切なマネジメントがなければ，状態が不安定となることが経験されている。インテイク面接のアセスメントにおいて，深まりによるリスク評価が重要なポイントとなる。おおむね臨床経験５年目を過ぎると，このリスク評価が適切にできるようになることが，達成目標となると考えてもよい。このリスク評価にあたっては，クライエントが日常生活の中で，どのような深まりを体験し，それによる影響がどのように生じているかが，重要な情報となる。

　深まること，そして戻ること，すなわち「ゆれる」体験が，いまここでのサイコセラピーの中でも行われているかどうかが，アセスメントの焦点のひとつとなる。そのために，相談構造と契約といった枠組みを定め，その中でクライエントが安全な形で相談し続けることが可能かどうかは，当たり前だが重要なアセスメント点となる。面接終了間際になって「死にたくなった」などの重い情報をクライエントが語ることは起こりやすいことだが，それらを相談の枠組みの中で充分に抱えていけるかどうかが，大切な着目点である。

　ゆれることが，相談構造の中で収まる場合，クライエントは神経症圏というあたりを付ける（仮説を設定する）ことを，ある程度の経験のあるセラピストは自然と行うであろう。ゆれることが，相談構造の中で収まらず，セラピストの過去からあるコアの心情をゆさぶり，クライエントやセラピストの周囲にいる第三者を巻き込み，時間を要する，または緊急の対応を必要とする場合，人格障害圏と見立ててもよいかもしれない。ゆれることの範囲が広く，基本的な相談構造が守られない場合，会うことそのものが大きな精神的な混乱をもたらす場合，精神病圏を想定することが可能となる。また，ゆれは大きいが，本人の持っている強固

な枠に入り込めば適応可能であり，本人の納得する枠の作り方を本人および周囲の人々が学習し，少しずつ周囲との折り合いを持った枠の中での生活が可能となる場合は，発達障害圏を考えることもできる。ちなみに発達障害圏であっても，トラウマ反応があると，枠の学習が難しく，枠をくずして他者を巻き込む人格障害圏のような展開をみせる場合もあるので，発達障害と，人格障害圏や精神病圏との鑑別が難しい場合もある。このような場合も，ゆれながらアセスメントを続ける中で，セラピストはその見立ての精度を高めていくことになる。

通常面接内で深いところまで語ることになっても，次回の予約について話し合い，面接が終わるとなると，部屋を出て帰宅する，その終わりの過程において，どこまで現実的なまなざしにお互いが戻れるかは重要である。つまり面接終了時に，クライエントが現実に戻れるかどうかという点である。セラピストは深まることと同時に，戻ることについて充分な臨床の智を蓄積する必要がある。

セラピスト自身が深まると同時に戻ることについてその質感を感じておくことが重要である。深い話をした後にセラピストが現実に戻れているかどうか，セラピスト自らを点検する必要がある場合もあろう。セラピスト自身が受付スタッフと簡単に言葉を交わすといったある種のディブリーフィングが重要となる場合もあるかもしれない。そのように受付スタッフは，セラピストをささえる重要なチームメンバーの一員となっている。

深まることと戻ることのダイナミックな展開は，サイコセラピー理論の重要な論点である。そしてこのゆれるプロセス自体がクライエントの大きな変化を導くという臨床の知がある。まなざしの移動，態度や姿勢の変化，立ち位置がゆさぶられて変化することなど，セラピストの一貫性，そしてクライエントとともにゆれること，ゆさぶりとゆさぶられという相互作用など，サイコセラピー理論は多くを扱ってきている。認知症と診断されたBさんの事例においても，Bさん自身が，そして支援する側も，ゆれながらBさん本人の意思の本質に近づいていく作業が重要となっている。

ゆれることについて，オープンダイアローグ（斎藤，2015）においては，複数のグループの中で自由に話し合うことよって，グループの中において，深まったり現実に戻ったりする作業が混在し混とんとした状況となるが，そのダイアローグの場そのものが日々の生活を支えることとなる強力な方法と言うこともできる。

このように，深まる力がサイコセラピーにとって重要であると同時に，その反作用としてのとどまる力も生じ，そのゆらぎがサイコセラピーにとって自然な営みということもできよう。図2-4にその概要を示した。反発する力は，防衛や抵

抗といった表現で一部示すこともできるので，その人の人格構造のアセスメント
を行う上でも有効である。また，この反発する力は，本人の持っている力（リソ
ース）として捉えることも可能であろう。

　ところで「深まる」ことをめぐって，その科学性と非科学性についても少しだ
けふれたい。深まることによって，人中心の世界へのまなざしが活性化するが，
そこで感じられ語られる内容には，科学では把握しずらい非科学的世界が展開す
る場合もある。その科学では把握しずらい世界をスピリチュアリティとして説明
することもあるだろう。しかしこの説明作業については，充分な批判的検討が求
められる。また宗教とサイコセラピーの重なる部分と違いについての歴史的な議
論についても充分に自覚的である必要がある。マッキンレーら（2010）は認知症
の人との回想法的なかかわりを，スピリチュアル回想法として定式化した。認知
症となった人とそこまで深まったかかわりが可能なのかと驚くばかりの実践であ
った。その貴重な営みには深い価値があると感じる一方で，その深まりが，科学
的姿勢によって常に点検される配慮もまたなされている。深い意味があれば，そ
の変化やプロセスを科学的に把握することも可能であろう。科学的対人支援サー
ビスとしてどう成立させるかという不断の努力が肝要である。もちろんその科学
とは，数字で統計的有意差が出たというレベルを超えて，深まる歩みを徹底的に
科学的に扱おうとする姿勢である。サイコセラピー理論においても，精神分析も
まさにその広義の科学的姿勢を一貫して持つ中で発展してきたと位置付けること
ができる。

7．深まらないことの意味

　ところで「深まる力」に対して「反発する力」が働くということは，「深まらな
い」ことの豊かな心の作用を感じさせる（図2-4）。「深まること」がクライエン
トにとってしんどい作業であるならば，そのしんどさが日常の生活の中でも体験
されていないかどうかを，セラピーの中で検討できる。そのしんどさの理解が深
まることで，真の意味でのクライエントへの寄り添いが可能となろう。常にゆれ

深まる力		反発する力
求める，望む，臨む， 成長する，変化する	⟺	あきらめる，絶望する，留まる，隠す，忘れる 遮断する，後戻りする，同じことを繰り返す

図2-4　サイコセラピーのゆらぎ

ていることを前提にし，そのゆれていることこそが一つの安定を保っているとみなすこともできよう。これは動的平衡という考え方に近い状態として理解できるかもしれない（福岡，2007）。

このように，深まることがサイコセラピーにとって重要な機能とある一方で，深まらないことのアセスメントを丁寧に行うことが重要となる。それは図2-5のように，混沌が心のコアのところに存在し，破綻しないための前向きな心の動きが深まらないことの効用かもしれない。たとえばBさんの深い部分の心情を言葉で整理しようとしても，認知症によって言葉を使用する力が低下している可能性のあるBさんには難しいであろう。しかしこのような状況においても，人中心のまなざしを支援者側が持ち，注意深く観察を続けることで，本人の深い心情に接近し理解を深めることは可能である。

これらのことは，深まらないことの意味を見出そうとする営みと言うこともできる。深まらないことを抵抗という現象でとらえ，そこに「私（自我）」をめぐるさまざまな力を明らかにしようとしたのが精神分析であろうが（馬場，1999），抵抗をその人のエネルギーや力として考えれば，深まらないことで私を守ろうとしている作戦や，深まらないことが自然な心の動きであることを支援者がよくわかっていること，またそう簡単に深まるはずがないことを熟知しておくことを通して，その人の心に寄りそえることもあろう。

まなざしとしては深まらないが，その人の生活を紡ぎささえるまなざしを，評価対象としての言葉のレベルでアプローチする方法もある。たとえば，今の生活の満足度は何点であり，その点数を1点上げるためには何ができるようになるとよいかという具体的な目標を，生活の営みの中に設定するという方法である。評価対象としてのまなざしは本人にとってわかりやすいという利点がある。そのわかりやすさを大切にしながら，人や人中心のまなざしも大切にするというサイコ

| 数字 | ＊中枢神経のネットワークの中で，断片的に生じる感情は押さえられ，わかりやすい情報を用いて状況を把握しようとする |

⇅

| 生活 | ＊日常生活を共にする人の間で，生活体験を共有する中で得られる感情の交流が重視される |

⇅

| 混沌 | ＊現実と離れた内的世界において，深い感情が体験されるが，その感情を現実との関係の中で整理することが難しい |

図2-5　深まることと混沌

セラピーを成立させることも可能であろう。繰り返しになるが，心理学は心の中のとても測定できないような心の現象を概念化し観察可能として計測するという営みを行ってきた歴史がある。わかりやすさ，そして点数で測ることで，そして点数につなげることで変化を理解できる営みについても，またサイコセラピーが積み上げた実績となるが，それは第4章において扱っていきたい。

　一方で，混沌からかかわりが始まることもある。いわゆる精神病状態での混沌とどう向き合うかについて，サイコセラピーは多くの経験をしてきた。精神的な危機的状態において，緊急対応ではどのようなまなざしの移動が求められるであろうか。

　緊急時においては，一定程度本人が精神的に圧倒されている状態を充分に受け入れながら，現実の生活を語り，まずは現実的な生活を安心して過ごすためには何をすればよいかを話し合うことが有益な場合もある。そこでは，なるべく明確な言葉や基準，数字も用いながら，その人をとりあえず今や今晩の過ごし方についてささえていくことが求められる。

　傾聴や共感がよくない心理的影響を及ぼすことについて，サイコセラピストがしっかりとアセスメントすることが重要である。典型的には，いわゆる精神病圏，人格障害圏，神経症圏といった病態水準のアセスメントが必要である。そして発達水準や発達傾向，トラウマ反応の影響も見極めたい。

　サイコセラピーを対人サービスとして眺めた時に，入院治療や危機介入などさまざまな支援の中で，サイコセラピーが担う位置について考える必要があろう。深まらないという意味を考え，そのアセスメント情報を共有することで，どの職種においても，その人の日常の周囲の人にとっても，安定してかかわることをささえることにつながろう。

8．スーパービジョンという方法

　このようなまなざしの移動を，客観的にセラピスト側が気づくこと，またまなざしの移動がクライエントの中にどのように生じているか，そしてそのことにセラピストは共鳴しまなざしを変化させているのかなどを，きめ細かく振り返り把握する方法として，スーパービジョンがある。

　まなざしの移動，そして深まることと戻ることのダイナミックな展開，そして深まらないことに意味を，セラピストはスーパーバイザーとの間で体験し，自らの実感として気づく機会を得る。図2-6に示すように，クライエントとセラピストの二者関係の中に，スーパーバイザーが存在することで三者関係が生じると考えることもできる（溝口，2004）。

　まなざしの移動は，クライエントとセラピストにおいて，相互作用の中で時に同時に起きることであるが，その移動が，スーパービジョンにおいて，セラピストとスーパーバイザーとの相互作用の中でも共鳴し，生じることになる。スーパーバイザーは，セラピストとの対話の中で，まなざしを移動させるとともに，セラピスト自身のまなざしの移動によって，クライエントの心の世界を生き生きと描き出す気づきへと誘うことになる。

　付け加えるならば，スーパーバイザー自身は，クライエントとセラピストの相互作用に刺激されて，スーパーバイザー自身の経験はもちろん，スーパーバイザーが学んできたサイコセラピーの先人達の知恵や営みと対話し，それらをクライエントの理解に生かしていく。この対話の営みも，実は統合的プロセスと言えよう。先人との対話なのか，それとも先人への信仰なのかは，大きな違いである。対話は自由な連想を活性化する。先人への信仰は，その信じる世界を超えて変化することにブレーキをかける。先人との対話の営みは，次の世代にサイコセラピーの知見を引き継ぐ営みそのものであろう。カウンセラーと先人との間を媒介することが，スーパービジョンという営みの本質かもしれない。またそこにサイコセラピーの統合的な営み（奥村ら，2015）もあると考える。

　事例検討会（ケースカンファレンス）も同じく，クライエントとセラピスト（事例提出者）との間で生じたまなざしの移動が，事例提出者とスーパーバイザーとの相互作用の中で共鳴し明確にされることになる。そしてそれらのまなざしの移動が，事例検討会の参加者の中においても共有されるグループとしてのプロセス

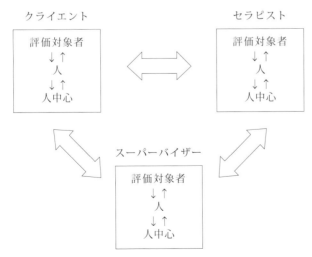

図 2-6　スーパーバイザーを含めた三角形

もまた重要である。スーパーバイザーは，先人達であったら提出された事例にどのようなまなざしを向けるかを語り，それをめぐって事例提出者と対話を深めていく。それは，サイコセラピーの営みをささえる重要なトレーニングであると同時に，サイコセラピーの統合的展開そのものでもあろう。

文　　献

馬場禮子（1999）精神分析的心理療法の実践．岩崎学術出版社．

ボーデン，C.（檜垣陽子訳，2003）私は誰になっていくの？―アルツハイマー病者からみた世界．クリエイツかもがわ．

福岡伸一（2007）生物と無生物のあいだ．講談社．

アイビイ，A.（福原真知子・椙山喜代子・國分久子・楡木満生訳，1985）マイクロカウンセリング．川島書店．

木之下徹監修（2010）認知症 BPSD―新しい理解と対応の考え方．日本医事新報社．

木之下徹（2020）認知症の人が「さっきも言ったでしょ」と言われて怒る理由―5000 人を診てわかったほんとうの話．講談社．

Kitwood, T.（1997）Dementia Reconsidered: The Person Comes First.（高橋誠一訳（2005）認知症のパーソンセンタードケア―新しいケアの文化へ．筒井書房．）

厚生労働省(2015)かかりつけ医のための BPSD に対応する向精神薬使用ガイドライン(第2版)．https://www.mhlw.go.jp/file/06-Seisakujouhou-12300000-Roukenkyoku/0000140619.pdf

マッキンレー，E.＆トレヴィット，C.（馬籠久美子訳，2010）認知症のスピリチュアルケア―こころのワークブック．新興医学出版社．

溝口純二（2004）心理療法の形と意味―見立てと面接のすすめ方．金剛出版．

永田久美子編（2015）認知症の人たちの小さくて大きなひと言―私の声が見えますか？harunosora.

NICE（2018）Dementia: Assessment, management and support for people living with dementia and their carers. National Institute for Health and Care Excellence. https://www.nice.org.uk/guidance/ng97/chapter/Person-centred-care

奥村茉莉子・統合的心理療法研究会編（2015）村瀬嘉代子のスーパービジョン―事例研究から学ぶ統合的心理療法．金剛出版．

ロジャーズ，C.（1989）ロジャース，コフート，エリクソン―ロジャースからみた類似点と相違点の考察．In：ゼイク，J. 編（成瀬悟策監訳）21 世紀の心理療法（1）．誠信書房，pp.303-320.

ロジャーズ，C.（保坂亨・諸富祥彦・末武康弘訳，2005）クライアント中心療法．岩崎学術出版社．

斎藤環（2015）オープンダイアローグとは何か？　医学書院．

佐々木雄司（2002）生活の場での実践メンタルヘルス．保健同人社．

鑪幹八郎・名島潤慈（2018）心理臨床家の手引（第4版）．誠信書房．

第3章

移動によってみえてくること
解－察　understanding

〈この章のまとめ〉

　心の深い世界への理解が進む際に，まなざしの移動が重要な役割を持つ。心の世界を理解し深く味わう中で，言葉にならない世界（無意識を含む）へのまなざしに対する気づきも促進される。それらの営みは，精神分析や力動的サイコセラピーにおいては，洞察として重視され，サイコセラピー理論すべてに大きな影響を与えている。これらの営みは「解」そして「察」という言葉で表すことができよう。

1. 関節リウマチの人の心理

　まなざしの移動について，大学受験生そして認知症を持つ人について述べた。これらの状態は，精神健康に焦点をあてた例ということもできるであろう。それでは身体疾患を持つ人の場合はどうなのだろうか。この章では，関節リウマチを持つ人について，そのまなざしの移動，そして移動によってみえてくることについてふれていこうと思う。まずは，Cさんについて，3つのまなざしから語ってみよう。

① 60代の女性Cさん。50代で発症。初めは小指に痛みを感じだんだん痛みの範囲が広がる。近くの整形外科を受診し関節リウマチと診断される。当時のパート勤務はきついのでやめ転職した。薬物治療により少しずつ症状が治まる。

② 60代の女性Cさん。50代で発症。ピアノの練習中に小指に痛みを感じる。近医で関節リウマチと診断されるが，関節リウマチには重症のイメージがあり強いショックを受けた。ピアノはその後できなくなった。職場でも充分に体を動かせず，同僚に病気のことを理解してもらえず転職する。薬物治療により症状は軽くなるが，痛みのために家事ができないことがあり，生活に支障が出ている。

③60代の女性Cさん。50代で発症。ピアノの練習中に小指に痛みを感じ不安な気持ちを持ちながら過ごしていた。あまりに痛みが続くので不安が高まり近医を受診したところ関節リウマチと診断される。関節リウマチは重症のイメージがあり強いショックを受け，訳がわからず呆然としていた。ピアノはその後できなくなり悔しかった。職場では周りに迷惑をかけたくないと頑張った。あまり病気のことを言わなかったためか，同僚には病気のことを理解してもらえず，体調が悪く休むことをさぼりではと言われ，傷つき転職する。薬物治療により症状は軽くなるが，痛みのために家事ができず生活に支障がでるたびに，悔しい気持ちでいっぱいになる。

　関節リウマチという病を持つ患者というまなざし（①）から，病を持ちながら日々の生活を営む人がみえてくる人のまなざし（②）への移動がある。そして生活の中にすでに少しずつ見え隠れするが，Cさんが心の中で大切にしていたこと，生活の営みの中で自分を根本でささえていた価値などが，人中心のまなざし（③）でみえてくる（図3-1）。

　これは，かかわる側が持つまなざしでもあるし，Cさん自身が自分にとって大切なものを探し内省を深めていくまなざしでもある。表面的な一面的なまなざしから脱却し，個人のかけがえなさを見出すまなざしの移動が，支援する側そして本人の両者に同時に起きていることに着目したい。

　そして，このような関節リウマチの人へのまなざしの深まりによって，疾病ならではの心情が垣間見えることとなった。それは，喪失感や探索しようとする心情，不安の心理と楽観視のまざりあった状態，信頼と不信，安堵感の混在した状況などである（鹿内ら，2013）。これらの心理は，関節リウマチを持つ人との対話の相互作用によって語られたものである。このような心情に関する語りは，看護師が身体的ケアにとどまらず心理的支援に入っていく上で，決定的に重要なこととなる。看護学においては病の軌跡として注目されている（ストラウスほか，1987）。①のまなざしから，生活をみるまなざし，そして人中心のまなざしへと

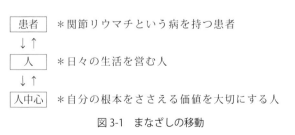

図3-1　まなざしの移動

移動することで，どのような内的世界が理解できるのかが，心理的支援を展開する上での見立てとして重要となる。

　クライエントとサイコセラピストの対話によって共有される事柄が，内的世界の理解として決定的に重要であるが，サイコセラピストはセラピーのプロセスにも着目する。たとえば深まりとそれに反する力，とどまろうとする力の存在も重視する。それらの相反する力を合わせて理解することが重要である。そして変わることへの抵抗ともいえるこの心情の理解は，サイコセラピーが長年にわたって注目してきた点であり，サイコセラピーの質を飛躍的に向上させたことは第2章で述べた。これらは対人サービスの一般的な取り組みにおいては見落としがちなポイントでもある。

2．まなざしの移動と言葉

　ところでこのような深まりを語る時，用いている言葉の性質についてふれる必要がある。なぜならば，深まった心の世界は，言葉によって表現することが，きわめて難しいからである。その繊細でかつ動的な世界は，言葉で表そうとしても，常に表しきれないものを残すことになる。熊倉はその残されたものを残余と呼んだ（熊倉，2002）。残余は，そこにあるという感覚には気づくが，語ろうとしてもするりと逃げてしまうことになる。ましてや文字を使って書き表すことは難しい。

　もちろん，言葉を使うことで我々は内的世界の一部を意識化できる。その世界を固定化し対象として認識し，話題にすることができる。心の中で起きていることの一部を捕捉できるのである。その意義は大きい。人類が言葉を獲得したことによって，心の中のさまざまなことを共有することができるようになったことの意義は，あまりにも大きい。

　しかし，言葉と心の中の何かのずれや言葉で表現される以上の世界があることについて，我々は自覚的である必要がある。この言葉では表現されない感覚については，発達においては決定的に重要で，赤ちゃんが言葉をしゃべるようになる前に，言葉の前段階としての「表したいもの」が心の中に存在し，それがある発達段階に到達すると，言葉として発されるものとなる。口から語られる言葉は，その後しばらくして，5，6歳あたりから文字として書き表すことが可能となる。書き言葉は，視覚的にも確認され，メモや手紙のように時空を超えて存在する確かな存在となる。一方で，文字は，語られる言葉よりも，質感を持って人と人との間でやり取りされることが少なくなり，細かなニュアンスを伝えることが見逃されることも増えてくる。

　ここで，漢字を中心とする書き言葉を「言葉」，語られる言葉を「ことば」，ことばにならないが心の中にあるものを「質感」と分けて考えてみたい。言葉とことば，質感の関係はおおむね以下の通りになるであろう（図3-2）。これらは，明確に区別できない部分もあるが，大枠として示されるこれらの位置関係を，ことば（verbal）の３重構造（ｖ３モデル）と呼ぶことにする。なお，これ以後も，「言葉」という表現を用いる際に，特にことわりがなければこの三つの意味を含むものとする。

　「言葉」は，いわゆる文語に該当し，漢字での表現が古来のルーツである。論理的に用いる場合にその力を充分に発揮する。「ことば」は，話し言語または話し言葉に仮名をあてたもので，やまと言葉のことである（竹内，2012）。漢字が大陸から伝わる前から日本において会話の中で使われていた音声であるが，漢字を当て字として用いるところから，ひらがなが発明された。話し言葉とひらがなとの結びつきは強い。日常生活の何気ない会話で用いられ，生活に根差した実感を表現する時にも，ひらがなは適している。「質感」は，それらのことばにはならない残余，感覚的なものであり，より深い心情や大切な価値とともにあることができる。私たちはしばしば，言葉では言い尽くせない，表す言葉を私は知らない，といった間接的表現で，その質感を表すことがある。また用いることばを極端に少なくしすぎ落とすことで，逆にことばで表しにくい世界を感じていくという方法も洗練させてきた。短歌や俳句での表現である。

　このｖ３モデルから連想すると，日本における言葉自体の人類史的発展そのものが統合的であると言えよう。そもそも言葉の習得といった出生後の発達自体が統合的な過程をたどる。「ことばにならないもの→ことば→言葉」と発達するが，それらは身体機能や脳神経の言語分野以外の発達とあわさって，統合的に発達することとなる。

　ところで，漢字とひらがなについて，脳内処理の回路が異なるという知見がある（岩田，1996）。同じ言葉であっても，漢字による刺激とひらがなによる刺激で，脳内の各所への影響の広がりに違いがある点がおもしろい。脳内の影響の広

　　　　　 ┌──────┐
　　　　　 │ 言葉 │　文語　漢字　論理
　　　　　 └──────┘
　　　　　　↓↑
　　　　　 ┌──────┐
　　　　　 │ ことば │　口語　ひらがな　実感
　　　　　 └──────┘
　　　　　　↓↑
　　　　　 ┌──────┐
　　　　　 │ 質感 │　ことばにならないもの　残余　感覚
　　　　　 └──────┘

図3-2　ことばの３重構造（ｖ３モデル）

がりは，クオリア（茂木，1997）という質感と合わせて考えることができる。漢字よりひらがなの方がクオリア（質感）を感じやすいということであろうか。そしてそのひらがなを超えた心情の世界について質感を持って感じていく営みを，私たちサイコセラピストは大切にする。

　これらのことを考え合わせた時，深まるプロセスとは，言葉からことば，質感への旅と表現することも可能かもしれない。評価対象者においては，評価で用いられる馴染みのないところから入手した言葉が重んじられる。しかし，日常生活における人のまなざしでは，日常で用いられることばが重んじられる。人中心のまなざしでは，質感が重んじられる。

　すでにふれたように，日本語は他の言葉と異なる特徴として，漢字，ひらがな，という使い分けを行っている。質感をあらわすことばと言葉，その分け方が本音と建て前，裏と表という精神構造を発展させることとなった。表と裏を使い分ける日本人のメンタリティについては，土居（1985）の考察がある。

　海外でも本音と建て前はもちろんある訳だが，日本の場合，受け入れた漢字を，そのまま用いず，長い時間をかけて本音に近いことば（やまと言葉）と建て前に近い言葉（漢語）にわけて表現するようになった点が興味深い。漢字の持つ窮屈さ，よそよそしさを，長い時間かけても克服しなかった日本人のメンタリティとは，何なのであろうか。

　河合隼雄（1982）は『中空構造日本の深層』の中で，もっとも大切なことは明確にされず何が中心にあるのかがあいまいとなっている感覚について述べている。もっとも大切なことがあいまいになるのは，逆に言うと大切なものほど近づきがたく言葉にできないものであるということなのかもしれない。

　たとえば西行の次の有名な短歌をみてほしい。

　　なにごとのおはしますかは知らねどもかたじけなさに涙こぼるる　　　　　西行

　大切な心情は，古来より言葉にして理解することが難しいものであった。畏れ多い，近寄りがたいという感覚であろう。他の文化もそうであろうが，日本文化においても，大切な人の中心にある価値観は，言葉として表現せずにそのまま感じている，または間接的にしか感じられない，というまなざしがあったのではないだろうか。これは，言葉やことばにならない質感に誠実であり続け，その質感を間接的に表現することに日本の先人たちが成功した恩恵であるのかもしれない（実際，西行のこの短歌によって，かたじけなさを直感的に追体験することができる）。

鳥がたくさん集まる森の一角に何かがおわしますと感じ，そこにうっかり人が入り込まないよう鳥が止まる意味の鳥居を置いた，それが神社の存在を示す鳥居となったという話を聞いたことがある。もちろん鳥居の起源には諸説あるようだが（谷田，2014），森が身近にある風土，モンスーン文化と四季の移ろいがある気候の中で，神の存在をぐいぐい示すのではなく，間接的に鳥の居る場所，すなわち鳥居を建てる。そのように，中心にある大事なことを直接示すのではなく，その周りの光景を通して大切なことを感じていく，そのような日本人のメンタリティと文化を感じさせる話である。

一方，カタカナという異文化と日常とを橋を架けるようなおもしろい文字も，日本人は開発した。翻訳とは海外からの知の輸入であるが，サイコセラピー理論にもカタカナで表記させる専門用語が多い。評価対象者のまなざしにおいてもカタカナの使用が多いのではないだろうか。そもそも「サイコセラピー」自体がカタカナである。明治時代において，多くの欧米からの言葉が漢字そしてカタカナに変換され，日本文化に取り込むこととなった。

ちなみに土居（1971）は「甘え」ということばを手がかりに，日本人の母子の密着した関係について描いた。「甘え」という日常語の力に注目することで，人中心のまなざしに世の中全体をぐっと近づけることとなった。繰り返しになるが，「甘え」を論理的に定義することは，本当の意味では難しい。土居のいう「甘え」は，言葉にならない体験された「それ」であるからである。その「それ」に近づくためのぎりぎりの作業が，「甘え」という日常語の力の活用であったのであろう。ちなみに，ここでいう「それ」とは，ｖ３モデルで示すところの「質感」とほぼ同じものと考える。

3．腑に落ちる

言葉としての表面的な理解ではなく，その深い質感を持った理解を表すものとして，土居は「腑に落ちる」ということばに注目した（土居，1971）。腑という言葉は，はらわたを意味するので，腹にストンとしみわたるように吸い込まれ身体の一部になるといった身体感覚をともなった理解のプロセスと表すことができる。このように，理解が深まるプロセス自体が，たとえ（メタファー）として表現されることがおもしろい。言葉としての「腑」とことばとしての「ふ」，そして質感としての「ふ＝はらわた」が，同時に含まれるメタファーとして，理解という営みを我々は捉えることができる。なおこの身体感覚としての腑に落ちると似た議論として，動作法と「わかる」体験との関連の議論（河野，2013）もある。サイコセラピストは，自らの感じ（身体感覚）への気づきを研ぎ澄まし，その感

じを手がかりに，他者理解を，そして他者のわからなさをみつめることになる。このように，言葉と身体感覚との関係は，サイコセラピーにおける重要なテーマである。

図 3-3 に腑に落ちる感覚と生活感覚，知覚や論理との関係を図にした。評価対象者としてのまなざしでは，評価基準を通して見られる。言われた判断を聞くといった視覚や聴覚が優位な世界であろう。そこでは論理が重視される。人としてのまなざしでは，生活を営む時の身体の動きが，すなわち筋肉の運動が重んじられるであろう。そして，人中心のまなざしでは，腑，すなわちコアな内臓感覚が重視されると言えないだろうか。

腑に落ちる感覚は，「腑に落ちない」何とももやもやとした身体の感覚から，ストンとわかったという変化をともなっている。このストンという感じが，典型的な深まる営みとして我々は意識することとなる。ちなみにこのストンは身体感覚であるから，面接終了後においても，セラピストにもクライエントにも，質感を持って持ち続けることになる。つまり対面していなくても，お互いの持ち続けているというつながっている質感が，サイコセラピーの体験として重要である。そして，この質感をエネルギー源としながら自由な連想が広がるならば，それもサイコセラピストとクライエントとの意義深い協働作業となる。

腑に落ちないもやもやとしている時は，何か納得できない感じ，自分の身体に誠実でない感じ，自らの生を大事にしていない感覚，本当に望んでいることをつかみきれていない感覚でもあろう。そのような時には，多くの些細な情報に振り回され，何を大切にしていけばよいかわからず，情報に反応することに消耗した状況に陥ることもあろう。しかし腑に落ちる感覚があれば，多面的な情報に振り回されることを減らし，さまざまな情報から自分にとって大切なものを見出していくことにもつながっていくであろう。それは余裕をもって楽しみながら自分の生を自分で歩むといった感覚に近いのではないだろうか。

しかしながら，このように人中心のまなざしに一気に移動する腑に落ちる感覚は，一方で時に危ういものとなることにも留意したい。この感覚によって人は，

図 3-3　身体感覚としての三重構造

時に客観的論理的世界から遊離することにもなり得る。スピリチュアリティにおける議論とも重なるが，腑に落ちることが必ずしも常に正解とは限らないのである。であるから，この腑に落ちる体験自身も，常に科学的視点から点検される必要がある。評価される個としてのまなざしが同時に重要となるということである。さまざまな切り口（基準）から，自らの体験が評価されることが重要である。その評価結果に向きあいながら，人中心のまなざしを自ら点検する営みが，サイコセラピーの役割といってよいであろう。

　クライエントが腑に落ちる体験をした時に，同時にセラピスト側にも腑に落ちるのに似た体験をすることもある。そのような体験をする状態にあったのかという理解の深まりである。その理解の深まりは，まなざしの変化にもつながり，クライエントへの理解もより深まってくる。またその理解の深まりは，当然のことながらセラピストのまなざしを変化させることになる。そのような相互作用の中でのまなざしと理解の相互作用は，サイコセラピーの本質である。まなざしの移動とは，身体感覚をともなった営みでもあることを深く理解したい。

　ところで，腑に落ちる感覚が生じる前に，「腑」には何があったのだろうか？それを言葉にするのは難しい。私は感覚的にもやもやと表現していたが，たぶん言葉にならないあいまいな割り切れない整理されない混沌とした「何か」があるのだと思う。この「何か」に対して概念を通して把握することに人類史上最も成功した人物が，ジグムント・フロイトである。フロイトは，この「腑」にある何かに，無意識という言葉を与えたようにも思う。ちなみに言葉を与えるという作業は，「何か」と言葉がつながるという営みであり，理解というプロセスの本質でもある。このつながることをめぐっては，第4章でもう少し踏み込みたいと思う。

　なお身体感覚については，動作法（成瀬，2000），フォーカシング（ジェンドリン，1982），マインドフルネス（大谷，2014）など，それをダイレクトに扱うサイコセラピーの営みも注目に値する。これらの身体感覚への理解が深まる中で，まなざしの移動そのものが，クライエントとセラピストに同時に起きる身体感覚をともない体験される。身体感覚を手がかりにしながら共に感じていく，すなわち身体感覚を伴った共感を通してまなざしを共有する深い体験もまた，サイコセラピーの本質的営みの一つであろう。

4．無意識を手にする

　「何か」という質感の世界を把握するための営みは，無意識の発見の営みとして，人類が脈々と取り組んできたことである（エレンベルガー，1980）。その中

でも催眠という深まりのプロセスは無意識に接近する強力な営みであったが，意識との間とのつながりを築くことが難しかった。無意識の人中心の深い部分の感覚を，意識とのつながりの中で扱うことに道筋をひらいた一人がフロイトである。フロイトは意識と無意識の関係を思索し，無意識を意識で把握する方法として自由連想法を着想した。無意識とは質感と近い世界であると考えられるが，それを言葉で把握し意識化することが，精神分析の営みのスタートであろう。自由連想法という方法論の発見は，言葉にならない質感の世界を，言葉でかろうじてとらえ表現し，つまり人中心のまなざしを洗練させ，人類が無意識の世界を思索することを可能にした。これは，サイコセラピー史上，最も大きな統合的営みの一つと言えるのかもしれない。

　欲動（リビドー）という名の身体性は，本来言葉で表現することは難しい。その課題に，言葉とメタファー（象徴），夢などによって質感をもたせる営みが，精神分析がなし得た重要な作業と思う。第2章で「深まりと混沌」について触れたが，フロイトの営みは，この混沌に大きく影響する力の存在に気づき，その力が欲動（リビドー）であるとの仮説を提案し，その仮説の正しさをどのように論理的に（意識の世界において自我の働きとして）証明していくかという，大難題に取り組み，一定の成果を上げた。そのように考えてみると，次の図（図3-4）も受け入れやすいかもしれない。

　超自我とは，両親や親戚，社会の中で共有されている有力な価値なのだが，その価値体系に，数字で表される科学的エビデンスが蓄積されているのが現代の状況であろう。また評価対象の評価する基準に，有力な価値が含まれることは理解できるのではないだろうか。生活の場では，自我というより「私」が一番活性化すると言えるかもしれない。そして混沌はもちろん，エスにある無意識が大きく関係するであろう。

　自我と超自我，そしてエスの世界をどう統合しようとしているか，その統合プロセスを営む存在として人間をみているとも言えよう。そしてそのことの思索を進めるにあたり，言葉の限界と可能性を常に意識する精神分析の学問体系が成立

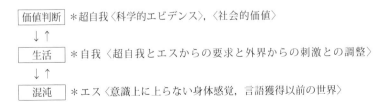

図 3-4　まなざしの移動と精神分析的営み

した。

　ところで精神分析は，原則を重んじる一方で，柔軟な展開もみせる。原則重視の姿勢は，純粋主義 Purism とみなすことも可能であろう。一方で，柔軟な展開は，統合的展開とも考えられるが，修正主義と表現することもできよう。純粋主義と修正主義 Fundamentalism vs Revisionism という対立関係ないしは考え方の相違を，精神分析という考え方はその内部に取り込むことに成功した学問体系である。排他と統合のプロセスによって，その時代時代の人類の課題に向き合うことを精神分析は可能としたと思う。サイコセラピー理論における精神分析は，このような対立関係を抱え包み込み変化しかつ変化しないという稀有な性質を持ちながら発展してきた。その 100 年の歴史の中で何度も原点回帰しながら，その理論を洗練させてきたと言える。ラカンによる「フロイトに帰れ」という主張，週４回でのカウチ使用をめぐるアムステルダムショック（藤山，2008）など，原点回帰の装置は精神分析理論に組み込まれているかのようだ。

　この対立関係で言うならば，行動療法や認知症法，そして認知行動療法は，行動なのか認知なのかという対立関係を含みつつ展開している。また介入研究で得られたエビデンスと臨床の知との対立関係を内包している面もある。こういったいくつかの考え方の間でゆれることが，真の意味でクライエントに資する理論としての価値を洗練させ得るのであろう。来談者中心療法は，共感によって共有された世界を徹底して重視していこう価値観と，科学的であるという考え方との対立関係を内包している。スピリチュアリティをめぐる議論はまさにこの部分に関する事項であろう。また，体験過程を重視する心理学として洗練させていく方向と，さまざまな学問体系に採用される対人支援に関する諸学問に共通する考え方との両者を含みながら展開している面もある。

　家族療法は，家族（小集団）なのか個なのかという対立関係または考えの相違を充分に内包することで，サイコセラピー理論としての成熟していこうとしている。その内包の一つの方法が，平木の提唱する統合的介入法（平木，2010）と言ってもよいであろう。小集団なのか個なのかという議論は，集団療法の理論においても重視されている。実際，デイケア等のグループを扱う専門家は，集団全体のアセスメントとメンバー個人のアセスメント，そして集団と個との相互作用について充分に注意を払っているであろう。

　サイコセラピー理論に限らず，どのような理論にも起きうることであるが，最初に提唱された時の原理原則をしっかりと守っていこうという立場（これを純粋主義，原則主義，閉鎖性と表現できる）と，目の前のクライエントまたは文化や時代の違いによって変化していこうという立場（修正主義，現実主義，開放性）

とを内包しゆれるものであろう。このような純粋主義と修正主義のゆらぎがサイコセラピー理論の本質ではないだろうか。そのゆらぎが100年，200年と継続しかかえていくことに，サイコセラピーとしての重要な意味があると考える。

　ところで，これらのサイコセラピー理論が日本に輸入される時，その理論を純粋に受け入れようとする方法と，日本の風土に合ったようにアレンジしながら受け入れる方法とがみられた。前者は純粋主義的であり，後者は修正主義的である。しかしながら，事情はそう簡単ではない。サイコセラピー理論においては，日本の文化や言語の特徴に合わせて丁寧に取り入れることが求められる。単なる直訳的な導入では，日本文化になじまない役に立たない理論となってしまう。

　そのことに気づいた先人たちには，そのサイコセラピー理論そのものを輸入するのではなく，そのサイコセラピー理論がどのような方法で形作られたかということを学び，その形作る方法を日本において行ったらどのような理論が見出されるか，ということに注力した人々もいる。古澤平作は阿闍世コンプレックスを，土居健郎は甘え理論をそのような方法で生み出した。サイコセラピー理論の統合的展開の歴史的例である。そして繰り返しになるが，精神分析は，これらの理論を，純粋主義と修正主義の対立関係において内包し，日本的な方法で展開することとなった。

5．主訴を統合的にみる

　サイコセラピーにおいて主訴の把握が重要である。なぜなのか。主訴ではなく，いろんな悩みがあるというとらえ方で，その人の状態を把握してもよいのではないか？　しかしながら経験的に，主訴を把握することが，支援の入り口として，またかかわりのとっかかりとして非常に重要である。つながりの糸口をつかむことで，その後の支援の質が保たれたものとなる。

　主訴には，2つのレベルがあることを，すでに第2章で述べた。「最も困っていること」を第1レベルの主訴，「（ここに）期待していること」を第2レベルの主訴と呼ぼう。さて，主訴はそれだけでなく，次のような主訴にも着目したい。まず第3の主訴として「どうなりたいか，本当に願っていることは？」という主訴である。その人の持つ「ほこり」や「人生における大切な価値観」も関連しよう。

　そして次に第4レベルの主訴を挙げるならば，「大切な家族や友人にわかっていてほしいこと」となるだろうか。これは，「コミュニティにわかってほしいこと」，コミュニティに理解してほしいこと，大切な人にわかっていてもらってずっと忘れないでほしいこと，である。ここには自分の存在が多様な偏見にさらされやすい周囲の状況に対する自らの主張（願い）が関連するであろう。

　そして主訴の第5レベルは，「自分の命を超えて覚えていてほしいこと」「この世から自分がいなくなっても，心の中で語り継いでほしいこと」といったことを挙げたい。「自分が生きてきた証として忘れないでほしいこと」「次の世代を勇気づけるものを見出したい」といった表現となることもあろう。ターミナルケアなどの状況における主訴として重要である。認知症のスピリチュアリティケアではここに焦点があてられている（マッキンレー，2010）。これら主訴（main complaint）の5つのレベルを，m5モデルとして図3-5に示した。

　主訴に含まれるまなざしの移動について着目したい。第1および第2の主訴は，成果や生活のまなざしに大きく関係するであろう。評価対象者としてまた人（生活者）としてみるまなざしが優勢である。しかし，第3，第4，第5の主訴は，人中心のまなざしが決定的に重要となる。p3モデルから，すなわち評価される人，生活する人，人中心の大切なことの3つのまなざしから眺めながら主訴を吟味することで，主訴に含まれる多重な意味がみえてくる。主訴の深いところをどう質感を持って理解するかが，サイコセラピーにおける重要なポイントとなろう。

　主訴は言葉を用いて説明されるものであるが，言葉の多義性および多重性もあり，主訴を正確に把握することが難しいこともある。時にはさまざまな主訴が重なり合いながら存在する。主訴に関連するさまざまな面を考慮しながら，わかりやすい指標により支援の成果を評価することが目指される場合もある。

　たとえばCさんの主訴は何だったのだろうか？　生活上の支障を何とかしたいということかもしれない。またこうありたいという希望をかなえることであるかもしれない。医療という面から眺めると関節リウマチの状態をよくしたいということかもしれないが，実は残された人生をどのように生きたいのかという重要な

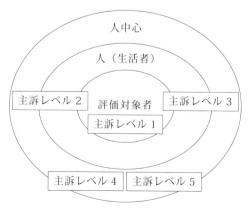

図3-5　主訴の5つのレベル（m5モデル）

テーマにも向き合わざるを得ない場合もある。

　時には言葉にならない潜在的主訴に気づくこともサイコセラピストには求められる。さまざまなレベルのどの主訴に焦点をあてるかが重要となる。本人のまなざしは，まさにこの主訴のレベルに直結するであろう。本人のまなざしに寄り添いながら，統合的な主訴の理解を深めていくことが大切となろう。

6．まなざしとポジション，つながり

　これまでみてきたように，サイコセラピーにおけるまなざしとは，単にセラピストがクライエントに向けるまなざしにとどまらず，クライエントがセラピストに，周囲に，そして自分自身に向けるまなざしとの相互作用によって，より深いものとなる。このようなサイコセラピストとクライエントとの間の関係を丁寧に紡ぐまなざしは，その関係を保ち発展させようとする姿勢がその土台としてあることが重要となろう。そう考えるならば，まなざしの移動は，立ち位置や姿勢の変容ということもできるであろう。

　つまり，ここでいうまなざしとは，見たいものをみるための視線の方向というより，そのようなまなざしをしっかりと保っていこうとするその人の姿勢や，そのまなざしが大切であるという全身的な状態であることがわかる。そのような状態を，たたずまい，立ち位置（ポジション）と表現することもできるであろう。山本（2018）が言う視座という考えに近いと考える。このような姿勢は，クライエントとともゆれしたり，感情疲労を感じたり，さまざまなセラピストの内面への影響を及ぼすこととなる。

　まなざしの移動は，サイコセラピーに限らず，人々の営みすべての場面でみられることはすでに述べた。これらの場面の多くでは，言葉がやりとりされることが多いであろうが，言葉にとどまらないさまざまな脳内での活動，また全身での身体活動が行われることにもなる。たとえば視神経の反応は，視野分野にのみ信号が送られるのではなく，別の脳内分野にも信号が送られ，脳内にさまざまな変化を生じさせる。つまり，まなざしの移動とは，脳内の反応系の変更または発展と考えることも可能であろう。

　まなざしに気づき，その立ち位置を意識することで，クライエントとカウンセラーの間で生じている相互作用についても，より深いまなざしを向けることができる。そしてそこには，いまここでの何か「つながり」のようなものが感じられるようになる。サイコセラピー理論は，この何か「つながり」のようなものを，言葉を通して捕捉することに取り組んできた。たとえば，転移感情という言葉（概念）によって，ある種の「つながり」を説明することに成功した。

　このコミュニケーションにおける「つながり」の感覚は，言葉と身体感覚，そして感情の相互作用の中で，発達するものである。その中で，だいたいその年齢相応に発達した状態を，定型発達と考え，そうでないものを非定型発達とみなす診断または判断の技術が進歩している。一般に，対応することに難しさを感じた局面において，子どもも大人も獲得された発達段階から，少し前の自分にとってなじみのある段階に戻ってふるまうことを行うことがある（いわゆる退行である）が，この退行が柔軟な形で生じない場合，発達のあり方に特徴があるという指摘がなされることもある。

　「つながり」について論じるにあたって，言葉の持つ役割は重要である。すでに，言葉の3つの性質（ｖ3モデル）については述べた。そのモデルによってつながりを表現するならば，論理的つながり，ことば的つながり，質感的つながりということができるであろう。つながりのさまざまな性質を表すことにもなる。

　言葉は，日本語や英語，中国語など言語は異なるものの，言葉を用いるということでは世界共通である。そこに科学の発展に伴い，数字や数式を用いた科学という言葉が生まれた。この科学という言葉は，グルーバルな共有言語としての地位を確立した。数字を用いる科学の多くの部分は，論理的つながりを生み出す。一方，ことば的つながりは，共に過ごす生活の中で伝え合うことによって体験されるものである。ともに生活することによって育まれるつながりである。

　質感的つながりは，非言語的な世界の共有によって感じられる。芸術はこのことを常に追い求めており最も得意とすることであろう。直観的に感じられる関係性という質感というものは確かにあろう。質感的つながりは，人と人との深い関係性と密接に関係する。関係性が生まれた時，初めて質感のある何かが伝えられることとなる。

　甘えや愛着，対象関係といったものは，関係性をより原始的なものに，純粋なものにとたぐっていった結果行きあたった体験である。これらは，人中心の質感の中核にあるものと言ってもよい。私たちはこの原始的感覚を手がかりに，さまざまなサイコセラピー論を展開しているとも言えるだろう。

　Ｃさんのつながりは，病により孤立し，相談によって新しい関係が生まれ，そのつながりが専門職との間から，日常の周囲のさまざまな人たちへ広がっていった。つながりに関する移行対象としての支援者の役割がここにある。慢性疾患を持つ人の語りは，病の軌跡として，病とのつながりから新たな世界を見出す営みとして大切にされる必要がある（ストラウスほか，1987）。

　ITの発達で視覚的情報や映像の共有がはるかに容易となった。このことによるつながりのプロセスの変化は非常に大きなものがある。ITによるバーチャル体験

によって，まなざしを仮想的に移植することが可能となった。そもそもまなざしの移動というp3モデルも，IT技術によって描かれたパワーポイントの図によって多くの人々に伝えている。そのような視覚的な表現を通して，まなざしが移動するという体験，そしてその移動によってかかわりの質的意味が変化すること，そしてつながりの質が変化することを意識し，それを実際に実践の中でどうなのか取り組むことが可能となった。

　ところで，視覚的表現によって，情報の共有が容易となった一方で，そのような視覚的表現による情報の受け取りが苦手な人にとっては，わからないことが際立ち問題となることもある。複雑な視覚情報が提示されるために，その複雑さに翻弄され，最も伝えたい情報が伝わらないといった現象も生じる。つながることの難しさについて，心理専門職は多くの臨床の知を積み重ねながら，心理支援の精度を上げつつあるところである。

　ところで，言葉と「何か」をつなげることを，私たちは「名づける」と呼んでいる。心の中の混沌から，「何か」と「何か」をつなげ，その「何か」に名前や数値を与え，その名前や数値を糸口に対話をすることで，変化を見えやすくすることに，私たちは心理学という土俵においてある程度成功することができた。これは認知行動療法やブリーフサイコセラピーで活用されている。変化ということに社会全体がより精度高く着目する時代である。サイコセラピーも変化ということに責任を持たねばならなくなった。つながることに深い意味を感じながらのサイコセラピーの展開は，第4章で語ることになる。

　　文　　献
土居健郎（1971）方法としての面接．医学書院．
土居健郎（1971）「甘え」の構造［増補普及版，2007］．弘文堂．
土居健郎（1985）表と裏．弘文堂．
エレンベルガー，A.（木村敏・中井久夫監訳，1980）無意識の発見（上・下）―力動精神医学発達史．弘文堂．
藤山直樹（2008）集中講義・精神分析（上）．岩崎学術出版社．
ジェンドリン，E.（村山正治監訳，1982）フォーカシング．福村出版．
平木典子（2010）統合的介入法．東京大学出版会．
岩田誠・大村裕・中川八郎（1996）脳とことば―言葉の神経機構．共立出版．
河野文光著，成瀬悟策監修（2013）動作で「わかる」．禅文化研究所．
河合隼雄（1982）中空構造日本の深層．中央公論社．
熊倉伸宏（2002）面接法．振興医学出版社．
マッキンレー，E.＆トレヴィット，C.（馬籠久美子訳，2010）認知症のスピリチュアルケア―こころのワークブック．新興医学出版社．
茂木健一郎（1997）脳とクオリア―なぜ脳に心が生まれたるのか．日本経済新聞出版社．
成瀬悟策（2000）動作療法．誠信書房．
大谷彰（2014）マインドフルネス入門講義．金剛出版．

鹿内裕子・岩満優美・森美加ほか（2013）関節リウマチの初期症状出現から確定診断後までの心理行動学的反応について．ストレス科学研究，28: 35-44.

ストラウス，L. A. ＆コービン，J.（1987）慢性疾患を生きる―ケアとクオリティ・ライフの接点．医学書院.

竹内整一（2012）やまと言葉で哲学する．春秋社.

谷田博幸（2014）鳥居．河出書房新社.

山本力（2018）事例研究の考え方と戦略．創元社.

第4章

つなげること，つながること
当－繋　Connecting

〈この章のまとめ〉

　心の中の世界への理解は，心の中の「何か」に言葉を与える作業ということができる。その作業は，心の中の「何か」の変化や動きに対して光を当て，「何か」と言葉をつなげるそしてつながる営みである。これらの営みは，行動療法そして認知行動療法が注力して行ってきた。これらは，「当」または「繋」という文字で表すことができる。

1．大学受験生の試験あがり

① 1浪生のDくんは試験中に周囲の人よりも高い点を取らなければと考えてしまい緊張する。普段より焦っている自分に気づいてあがってはだめだと思うと，ますます緊張してしまう。わからない問題があると頭が真っ白になり，心臓がどきどきして集中できなくなる。今回は普段の半分も点が取れなかった。こんなことでは合格できないと思うと自分がなさけなくなり，試験会場から逃げ出したくなった。試験後に見直すと，試験にあがっていなければ解けていた問題が多かった。

② 1浪生のDくんは試験ではベストコンディションで臨み120％の力を発揮したいと常々考えていた。試験当日も頑張るぞと気合を入れ，試験会場に乗り込んだ。普段より身体に力が入っていて，冷静でない感じでちょっとまずいと思ったが，そのまま試験開始となった。いつもより焦っていたため，何度も大きく息を吸って吐くことを繰り返したが，緊張している感じはなくならず，大きく息を吸って吐いてを繰り返したためか，かえって動悸が早くなった気がした。そんな状態なので普段より問題文を読むのに時間がかかり，ますます焦り始めた。わからない問題があり，周りの人は解けているのに自分だけだめなのではと考え一気に冷静さを失い，頭の中が真っ白になった。これではまずいと考えれば考えるほど，ますます緊張し，心臓がどきどきして集中できなくなった。

こんなことではだめだという気持ちで頭の中がいっぱいになり，これでは合格できないと思うと自分がなさけなくなった。いてもたってもいられなくなり，試験会場から逃げ出したくなった。試験後に見直すと，試験であがってなければ簡単に解けていた問題ばかりであった。普段の半分も点が取れなかった。

③１浪生のＤくんは，小学校の時は成績もトップクラスであり親の期待も強く受けていたが，進学校の私立中学に進学してからあまり成績が伸びず，本人もあまり勉強せずになんとなく過ごしてしまった。現役受験で同級生が合格するのを横目でみて，１浪しての受験は，ベストコンディションで臨み120％の力を発揮したいと常々考えていた。試験当日も頑張るぞと気合を入れ，試験会場に乗り込んだ。普段より身体に力が入っていて，冷静でない感じでちょっとまずいと思ったが，そのまま試験開始となった。いつもより焦っていたため，何度も大きく息を吸って吐くことを繰り返したが，緊張している感じはなくならず，大きく息を吸って吐いてを繰り返したためか，かえって動悸が早くなった気がした。そんな状態なので普段より問題文を読むのに時間がかかり，ますます焦り始めた。このままではこの１年間の浪人の努力は無駄になると，悲しい気持ちやら情けない気持ちがあふれだしてきた。そんな中でわからない問題があり，周りの人は解けているのに自分だけだめなのではと考え一気に冷静さを失い，頭の中が真っ白になった。これではまずいと考えれば考えるほど，ますます緊張し，心臓がどきどきして集中できなくなった。こんな臆病な自分はどこに進んでもだめだという気持ちで頭の中がいっぱいになり，これでは合格できない，期待してくれた両親にも申し訳ないと思い自分がなさけなくてしかたがなかった。いてもたってもいられなくなり，試験会場から逃げ出したくなる気持ちを何とか抑え，試験終了時間を迎えるだけで精一杯であった。試験後に少しだけ高ぶっていた気持ちが落ち着いたので見直すと，試験であがってなければ簡単に解けていた問題ばかりであり，普段の半分も点が取れなかった。ショックを受け自分を責めるばかりであった。

　試験あがりの症状によって試験で点が取れなかったＤくんを，「あがる人」（図4-1）というまなざしでみているのが①である。②は，試験という場面におけるＤくんの試験問題との相互作用の中でゆれている心身状態が，①よりかは踏み込んで生々しく見出しており，図4-1の「受験生」としてまなざしを向けている。③では，Ｄくんが置かれていた家族状況や学校での状況もふまえながら，Ｄくんがどのような心情で試験を迎えなければならなかったのかのストーリーもおぼろげ

ながら見え，Ｄくんが大切にしている価値（自分の自尊心を試験合格によって回復させたい）にもまなざしが向いている。つまり試験あがりという「症状」は，心身の不調であると同時に，Ｄくんの自尊心回復のための大いなる挑戦に付随して生じた「症状」とも考えることができる。もう少し踏み込んでいうならば，「症状」は大いなる挑戦そのものが形を変えたものとみなすことができるかもしれない。

　そのような理解をＤくんと仮に共有できるならば，「試験あがり」をなさけない臆病さのゆえのものとは考えず，むしろ逆で，大いなる挑戦がゆえに生まれた勲章のようなものというストーリーを共有できるであろう。そして，大いなる挑戦はそのまま自分の中に大切におくようにして，やっかいな「試験あがり」だけを少し自分から切り離して，どう扱っていくかを考えることを面接室での目標として設定できよう。このようなプロセスは，充分な共感，そして理解を前提としてであるが有効と考えられる。Ｄくんが自らの課題に取り組む上で，自らの中にすでにある力に気づくこと，そしてそれを周囲と共有することは非常に重要である。

2．「何か」が「あること」につながる

　Ｄくんとの出会いと心的世界への探索の中で，Ｄくんの「試験あがり」における挑戦の心の動きと気負いすぎて自分を追い込んでいる心の動きがあることが，面接の中で共有された。いまここでその心の動きをともに眺めることができるのであれば，心の動きに名前をつけてみたらどんな名前だろうと問うてみた。Ｄくんは，ちょっとおどろいた様子だったが，何かよい名前はないかなと前向きに考えてくれた。「たとえば，"がんばりくん"とかどうだろう」ときいてみると，悪くはないかなという表情である。そこでためしに「がんばりくん，こんにちは」と，試験中にあがったと感じたら，その"あがり"に語りかけてみることを提案した。そして，「がんばりくん，あまり力を入れすぎないようにしよう」と話しかけてもみることにした。

```
┌─────────┐
│ あがる人 │   試験あがり
└─────────┘
    ↓↑
┌─────────┐
│ 生活者   │   受験生
└─────────┘
    ↓↑
┌─────────┐
│ 人中心   │   受験を経て自分の人生を切り開いていこうとする青年
└─────────┘
```

図4-1　試験あがりとｐ３モデル

　「試験あがり」という言葉は，症状の一つの表現方法であるが，本人が実感を持って描いていることばとは異なり，少しぴんとこないものであろう。しかし，Dくんとの十分な話し合いによって，言葉にならない質感も含めた「何か」に焦点があてられ，その「何か」に一番あてはまる「がんばりくん」ということばが与えられ，その何かとくっつくことによって，その「何か」が変化していくかどうかをよく観察することにしたのである。もちろん，このような介入を行う前に，クライエントとセラピストとの関係が充分にできていてクライエントにユーモアを理解する力があるなどの見立てが重要である。

　ここで，言葉を与えるという脳内の変化を伴う作業自体が，広い意味で「行動」と考えることができる。その言葉を与える行動，すなわち，困ったことや症状と言われる「何か something」（考えや感情，身体の質感）に，何か（言葉）がつながる行動に，注目したい（図 4-2）。

　内的な何かに，言葉を与える営みをしていくと，その内的な何かのゆれ動く姿，動的性質に気づくことにもなる。たとえば，素敵な花が咲いているのをみて「きれい」と感じる感動は，「きれい」という言葉を獲得する以前の乳児でも持つ心の動きであるが，その心の動きに「きれい」という言葉を与えることで，「きれい」と感じる心の動きの複雑さや時に切なさ，そして深さなどについて，気づき感じていくことができるようになる。言葉は，内的な「何か」を同定するだけではなく，その動的変化についても気づき経過を観察することを助けることとなる。

　ところで，このように内的な「何か」に言葉が与えられる作業は，単にラベルをぺたりとつけられるような単純な作業ではなく，「何か」に言葉と同時にことば，そして質感が与えられるということは，理解していただけるだろう。くみ上げた井戸水がコップからあふれ出るその感覚を感じながら，water と手のひらになぞられたことにより，水の感覚（存在）と water という言葉がつながったという話（サリバン，1973）からも，連想いただけると思う。

　このことは，強い感覚（質感）と言葉との結びつきの重要性も感じさせるが，強力な信頼という質感（一体感とも言えるだろうが）が，ヘレン・ケラーとサリ

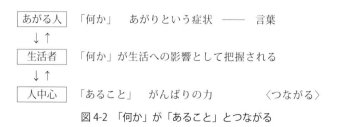

図 4-2　「何か」が「あること」とつながる

バン先生との間にあったからこそ，達成されたと考えることもできる。すなわち，安定した基本的な信頼関係があって始めて，内的な「何か」は言葉と，深い形でつながることとなる。このような目に見えない心の動きの言葉による共有が可能となったからこそ，ホモサピエンスは進化を遂げることができたのかもしれない。

　この内的な「何か」と言葉とが実態をもってつながるプロセスは，「光があたること」「可視化」と呼ぶこともできる。光があたるプロセスは，人類が言語を獲得する際に行った作業であったが，心理現象に関しては，わかりやすい感情のラベル化，すなわちうれしい，悲しい，楽しいという感情の言語表現が基礎となる。その後，文字の発見，そして印刷技術の発見によって，より繊細なレベルでの心理現象にも人類は視覚的に焦点をあてることが可能となった。心の中にある認知，感情，身体反応，それらと行動との関係が，たとえば認知行動療法という名のもとに緻密に把握されるようになり，それらへの介入作業とモニター（観察）が行われ，疾患の症状別アプローチも整備されてきている（堀越ら，2012）。

　サイコセラピーは，繊細なレベルでの心理現象に，共感のある対話という方法を用いて，その理解および「光があたること」をより緻密化させてきた。その緻密化の作業は，語り言葉を用いての対話という方法が中心であるが，IT技術の進歩により，図やイラスト，動画を用いての視覚的表現によって，「光があたること」「可視化」の作業がより高度化している。動画やアニメーションも含めたパワーポイントといったパーソナルコンピューターのアプリケーションソフトの使用が，可視化を格段に進歩させ，サイコセラピーの世界も変化してきているのではないだろうか。

　「何か」に言葉が与えられる時，たとえば「試験あがり」の中に「がんばりの力」を見出し言葉が与えられる時，「がんばりの力」にむけるセラピストのまなざしとクライエントのまなざしが，同じ方向を向いている。あるものをともにみるという作業は，共視として北山が注目している状態に近い（北山，2005）。安定した母子関係の中で，母子が同じものを一緒にみるという対象関係の形成にとって重要な時間である。それに似た共視の体験が，心理現象と言葉をしっかりと結びつける。

　一方，信頼関係が築くことに困難さが生じやすい不安定なケースの場合，内的な「何か」に言葉を与えることに，難しさを抱える場合もあるであろう。これらのケースは，関係が疎遠な場合は，比較的安定しているが，感情的なつながりを強く求められる場面に遭遇すると，自らが体験している世界を整理しきれなくなり混乱しやすい。前章で，深まることと混沌においてふれた通りである。

　ところで，何かがあることにつながる時，すでにあることにつながっていた別

の何かがはずれることで，新たなつながりが生まれるということにも注目したい。すなわち，あることにつながらないことを目指すことが，新たなつながりを生むために必要なプロセスとなる。このことに関するサイコセラピーのプロセスとして，コンフュージョンテクニックを連想する（森，2015）。それは混乱をクライエントに生じさせることで，新しい考え方が取り入られるということなのだが，混沌によってすでにあるつながりがゆらぎ，新しいつながりが生じ，その結果変化が生じやすくなると表現することもできるであろう。

　俗にいう縁切り寺とは，好ましくない縁を切ることによって良縁が舞い込むという話を聞いたことがある。「何か」があることにつながる時，「何か」の周辺で何かがはずれることが起きているのかもしれない。PTSDとは，トラウマとなっている出来事が何度も侵入的に思い出され，その出来事とのつながり（縁）が切れていない状態と言うこともできる。つながることとはずれることのバランスこそ，生命の営みそのもののようにも思えるし，統合の営みにも通じるものも感じる。「あがり」－「自分はだめな人間」というつながりが，セラピストとのかかわりあいの中で変化し，「あがり」をともにながめる中で，あがり－「がんばる力」－「自分の持っている力」という新たなつながりが作られるという，つながりの変化（ゆらぎ）に着目したい（図4-3）。

　このような展開は，「あがり」に言葉を与えることで，自らの中にある症状を，自分の内面から取り出して，その現象を共にみつめ共感しあい，その自分の外に切り出された「あがり」に新たな意味づけをする。Dくんは，セラピストとの対話を通して，あがりのすぐそばに，がんばる力を見出すことができた。これは，

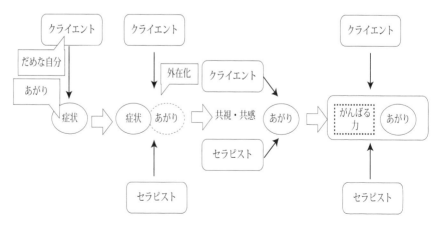

図4-3　あがりをめぐるまなざしの変化

サイコセラピーで言う外在化の作業とも言える。

3.「何か」の近くの「動き」に言葉が与えられる

　内的な「何か」に言葉がつながると，その「何か」の動的ふるまいも感じられるようになることを述べた。感情はあいまいでありはかないものでもあり，もやもやとしていたり混乱の中にもある。とても言葉で感情の全体像を表現することはできないこともあろう。しかし，私たちは不思議なことを面接の中で体験する。それは，その感情のもやもやをなるべく正確に理解しようと寄り添い，言葉を与える作業を繰り返し，クライエントが腑に落ちた体験をした瞬間，つまり言葉が与えられたその時から，そのもやもやが変化していくという現象をである。

　言葉にすることによって生じるこの繊細な心理的変化を感じるたびに，私はこのような変化がなぜ生じるのかという不思議さを感じる。言葉が人の心を変え，その変化は好ましい方向となることがある。そしてその変化をしっかりとセラピストが気づいていること，そしてその変化の質感を，じっくりと味わうこと，それがクライエントとカウンセラーとの意義深い関係に決定的に重要と考える。

　そしてその変化に気づきそれを大切にしようとする姿勢は，第1章で述べたまなざしの移動とまったく同じものであることに着目したい。まなざしが移動することが重要という認識を持つこと，それだけでまなざしの移動は促進される。またクライエントの内的な「何か」は常に変化していういという気づきを持ちながらかかわることで，クライエントの内的変化が生じ，セラピストの変化へのまなざしがその変化を促進し続けるということである。

　言葉を与えることで，変化を意識できる。そしてその変化を文字に残すことができる。変化に光があたり可視化される。言葉として家族や友人，その他クライエントにとって重要な影響を与える周囲の人に伝えることができる。若干生物学的な概念で説明するならば，内的変化は神経細胞のシナプスのネットワークの変化と推定されるが，そのネットワークの変化について質感を持って感じ，その質感に焦点を充分にあてて，言葉とつなげることで，その変化を確実なものにするということである。そしてその変化をクライエントの脳内の変化にとどめず，周囲の重要な人と人とのつながりの中で確かめあえる仕組みを，共有する言葉を用いることで可能にするということである。

　このような脳内の生物学的な神経ネットワークによるつながり感覚と，クライエントとセラピストとの現実空間で生じるつながりの感覚，それらの感覚に対して言葉があてがわれ，その言葉を周囲と共有しながら支援チームが立ち上がることに注目したい。

4．言葉を，与える，乗せる，同時に起こす，繰り返す

「何か」に，行動，感情，認知，関係性という状態を表す概念を言葉として与え，その「何か」を感じ可視化することができる。Dくんの例でいえば，あがり，緊張，焦りなどさまざまな言葉が，体験されている「何か」にあてがわれた。この可視化された言葉は，内的世界を表す概念であるが，人中心の事柄であるにもかかわらず客観的な状態として，学術的にも洗練され，サイコセラピー理論の発展に貢献し，多くの人によって共有され繰り返し用いられることにもなる。すなわち，人中心の内的世界を，比喩的に客観的な言葉としてつなげて表すことにもつながることもあろう。この内的世界と客観的な言葉とのつながりをフルに活用しているのが，認知行動療法である。

ここでいう「何か」には，姿勢，勇気，目標，ゴール，例外，がんばりの力といった変化や動きに関連する概念を与え，可視化することも可能である。

内的（外的）動きに言葉が与えられることで，人は自らの内的世界を少し客観的にみつめることができる。その時にまなざしの移動が起きる。そしてそのまなざしが移動したという変化を感じることも可能となる。

内面のやっかいな状態は，たとえばDくんの頭が真っ白になることなどは，「症状」を表す言葉で表現できる。「症状」であれば，自分自身のせいではなく，「病気のせいだ」と考え，少し気持ちが楽になることもあろう。しかし症状が持続すると症状を表す言葉をめぐって，本人の中で繰り返し，ダメなもの排除すべきものという心情が強くなり，さまざまなダメな自分についてのストーリーが付加されることにある。時にはあまりに多くの意味が与えられ混乱して身動きがとれなくなってしまう場合もある。実際の支援場面では，これらの本人固有のストーリーや意味づけを丁寧にたどりながら，そこにある「力」「能力」に着目することが有益であろう。

内的世界のある状態と言葉や概念とをつなげ，そして言葉・ことば・質感としてつかみ，その変化をも言葉や概念を用いて質感を持って感じることができたな

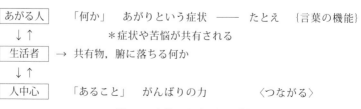

図4-4　症状のそばにある「力」

らば，その変化の経験とその変化をもたらす言葉や概念の用い方の手順を，本人の中でくり返し用いることが可能となる。また，あるクライエントのよい変化への手順を，別の似たような「症状」を持つクライエントにも応用することも可能となる。よくなったという経験を，多くの人に伝え同じく体験してもらうという方法である。この方法によって支援の精度を上げてきたのが認知行動療法という営みと言ってよいであろう。

5．自分の中の好ましい変化に言葉を与える

　実は私たちは日常の生活の中で，内的変化に言葉を与える作業をずっと行っている。特に好ましい変化に言葉を与えることで，前向きにエネルギッシュに行動することもある。時には，象徴やメタファーを活用し，言葉が与えられたことによる内的な変化を楽しんでいる。

　自らの頭の中で繰り返されていることに言葉を与えることもある。たとえば，同じことを繰り返して完璧に行うことにこだわることがある。このようなこだわりは，頑張りのエネルギーのやや非生産的な活動とも考えられることもある。このようなこだわりが生まれる前に瞬間的に存在する認知や感情に関する反応に焦点をあて，その認知や感情を外部にあるものとして表現する（それを外在化というが）ことで，圧倒された世界に言葉という秩序が生まれることとなる。

　Ｄくんの例でいうならば，セラピストが言葉の与え方について提案する→提案を受け入れて自分でできるようになる体験をする（成長の一つの姿）→同じような人の体験談やアドバイスを生かす（人類知から学ぶ）というプロセスを見出すことができる。このような事例が集まり定式化されると，○○療法として示され，多くの場合，行動や内面の「何か」に言葉を与える作業を行うために，行動療法または認知行動療法の一分野として位置づけされる傾向にあろう。

　ところで，同じような他者の体験を観察しモデルとして取り込み自ら学ぶ力を自己効力感という。ある課題ができる，またはできないという評価対象者というperson assessed のまなざしを受けた状況において，この自己効力感があるかどうかを問われることになる。しかしこの自己効力感をバランスよく育むことはなかなか難しい。人が発達する中で，いま自分ができることの評価基準を，自ら上げていきたいという思いが生じるであろう。周囲もできることを高めにと期待する。そしてそれらは，時としてできない自分をつきつける。評価基準は人を成長もさせるが，一方で追い詰めて自分はだめだという気持ちも抱かせ自己効力感を低下させる。

　自己効力感が低い場合，すでにできていることに気づく，またはすでに変化し

始めていることに着目するかかわりが有効な場合がある。この方法を徹底させたのが，解決志向型心理療法である（森ら，2002）。「教えられて学ぶ」から，「周囲を観察して学ぶ」へ，そして「すでにできている自分から学ぶ」というプロセスである。自らを観察した時の質感においてすでに変化が始まっている。その質感，そして変化の質感に言葉が与えられれば，言葉に身体感覚が伴うことになる。感情－行動－思考－意思のつながりが成立する体験となる。

　このようなつながりは，まなざしの原始的姿としての母なるものからのまなざし（いつくしみのまなざし）が関連することにふれておきたい。自分の中でできているという「動き」をいつくしんでながめる外からのまなざしが感じられて，自分の「動き」（感動）を一緒にながめるまなざしを体験することができる。内的リソース（内的な動き）への気づきが，外的リソース（守られているという外からのまなざし）と同時に体験され，そこに内的リソースと外的リソースが混ざり合った感じが体験される。これは「何か」が「何か」につながる一体感を伴った営みであり，統合のプロセスとしての体験となるであろう。この一体感の感覚が二者関係で確認されるのであれば，共感できないことや理解できない部分があることも，そのまま共有し，機が熟することを二者関係の中で待つことができるであろう。

6．行動そして認知という展開——リピート・アフター・ミー

　「何か」に言葉を与えることで，その「何か」に注目して変化を起こす方法を考え，試行錯誤によってその変化を丁寧に観察し，それらの変化を通して何をゴールとして働きかけるとよいかの経験の蓄積が進んでいる。その変化を起こすための，最もわかりやすくかつ心理学がなじみのある取り組みが，行動または認知という概念を用い働きかける方法である。歴史的には，それらの取り組みは行動療法として整理されてきた。その後，認知療法の考え方も活かされ，行動と認知の働きを用いる認知行動療法という営みにまとめられることとなった。

　そもそも心を扱う方法には，宗教から文学，哲学，政治などさまざまなものがある訳で，そのような多様な方法のごちゃまぜから，観察可能な「行動」のみを切り出すことで，心理学という学問が誕生することになった。すなわち，心を扱う諸分野から行動を扱う分野のみに焦点化，純粋化を行うことで，心理学は成立したと言えるだろう。

　しかしおもしろいことに，行動主義として学問が進歩し一定の成果が得られた心理学は，行動だけでないより広い範囲まで，同じような方法論で扱うことを可能にした。「行動」の範囲を内面で起きている活動すべてに広げてとらえる考え

方が生まれた（山上，1990）。そしてサイコセラピーの歴史においては，行動の範囲を外から観察されるものにとどまらず内面までを対象とすることで，行動療法と認知療法が統合し，認知行動療法という理論が成立するという流れが生まれた。

　これは，心の中にある「何か」と行動とのつながりが充分に確保された上で，今度はその何かに言葉（考えや概念）を与えるという作業が可能となったと表現することもできよう。行動への純粋化という流れが基盤となって，行動の示す範囲が拡大し，行動から認知や思考，そして感情もに広がる心の活動をすべて含めていくという統合的でダイナミックな展開が，心理学においてなされたことに注目しておきたい。認知のみに着目するのではなく，認知と感情，思考，行動それらをつなぎ合わせて，心の中のある現象や変化に，しるしや索引を与える形で表現することが可能となった。たとえば認知のより深い部分（無意識に近い領域）にあるもの（物の見方や価値観）にスキーマという概念をつなげ，そのスキーマに介入する方法もスキーマ療法として成立している（伊藤，2013）。

　このような考え方がある一方で，行動のみに着目しようという考え方もまた心理学において重視されている。このような統合化と純粋化の振り子のようなゆれは，すでに述べた通り，心を対象とする学問の宿命である。認知（内的世界にあるもの）に関した現象は，基本的には外部から客観的には観察できないものであるが，尺度または検査という方法論を用いて，数値化して示すことが可能でもある。さまざまな統計的検証を経て，尺度で測られた点数がある程度の信頼性や妥当性を有していることが，学術論文上は検証されてきている。その点では，評価対象者としてのまなざしが有力となる。

　しかし，その必然的な帰結として，このような尺度によって，人が数値によって評価されるという現象を助長することとなった。行動から認知に広がることで，その柔軟性を獲得したサイコセラピーが，数値化の作業によって測定する内容が明確になった点は，わかりやすくなったという点では評価できるかもしれない。一方で，数値化を通して評価対象としてのまなざしの風圧を受けるようになり，できている／できていないというプレッシャーに影響を受けやすくなるという点には留意する必要があろう。

　変化している動きに気づき，その動きにまなざしを向けながら言葉を与えることで，変化の間接的姿（影のようなもの）に着目することができる。その験（しるし）を手がかりにして，変化を感じ，その変化を引き起こすきっかけ作り（工夫）をすることができる。認知行動療法は，その変化へのまなざしを大切にしていくことでより発展していくであろう。

　認知行動療法の本質は，変化や変化をもたらす事柄に言葉（概念）を与えるという広い意味での外在化・視覚化の営みである。これらが可能になった文化背景は，すでに述べたようにパワーポイント等の普及などによる視覚情報重視の表現の普及があるとも考える。心理現象の映像や文字にとってかわられることは，広い意味での投影の営みとも言える。この投影の中で，映像や文字では表せられない残余への感性を有することが一方で重要となろう。

　そもそも変化は常に起きている。すでに起きている変化に私たちはまなざしを向けることができる。その変化を無視して，変化していないことにまなざしを当て続けることは，かなり努力しないと不可能なことである。治療は時としてそのような傾向を持つこともある。教育もまた然りである。物事の流れにそって，変化していることを普通に見出し，それに言葉を与える営みが，認知行動療法のみならず，サイコセラピーすべてにおいて重視されるべきであろう。

　日常の普通の行動や状態すべてが考えてみれば，変化している。睡眠とか食欲，気分，身体感覚などさまざまなことが，変化しながら生体を維持している。その日常の変化に言葉を乗せる営み，それは気づきであり，味わうことであり，言語化するという営みであるが，その言葉と心身の状態とをつなげるという作業自体が，投影という営みも含めサイコセラピーと深く関連することが示唆的である。またこの営み自体が，サイコセラピーの科学性について議論する上で重要な視座となるとも考える。

7．投影という営みで手がかりをつかむ

　心理検査の中に，投影法という方法がある。最も有名な投影法は，インクのしみでできている図版をみて，何にみえるかを自由に話してもらうもので，ロールシャッハテストと呼ばれる心理検査である。ロールシャッハテストの魅力的なところは，混沌とした内面の世界の一部を，投影によって言語化し，その内容をコード化し，そこから数を用いて数値化する作業に成功している点である。もちろん，すべてが数値化されている訳ではないが，内面のある複雑な現象に接近する数値化作業のするどさを示すことができた。

　内面の深い部分での心情を，人中心の世界で起きていることであっても，投影によって目に見える形で把握し，それを点数化することが可能である。これは，人中心の質感の世界から，言葉や評価対象としてのデータへの転換という作業である。例えば，抑うつ感の程度を，抑うつ感を測定する尺度によって数値化することが可能である。これは質問群への回答を通して，その質問に「はい」または「いいえ」と答えたくなった程度を点数にしたものであるが，「真の」抑うつ感と

強い相関があることがわかっているという理由で，抑うつ得点として用いられる。しかし，臨床実践の立場から述べるならば，この得点はあくまでその尺度の質問群に答えたくなった程度を表わすものであり，真の抑うつ感を表わしたものではない。

「死にたくなることがある」という質問がある。この質問にチェックがされている場合，さまざまな状態の人が，さまざまな理由でつけたという仮説を持ち考察する必要がある。「死にたくなる」人がいるのではなく，「死にたくなる」にチェックしたいと感じる人がいたと考え，アプローチすることが重要である。実際に「チェックしたのはどんな気持ちで？」と聞いてみると，「なんとなく」「死ぬ気でがんばろうと思っていた」「ショックなことがあった時そう考えた」「親と喧嘩した時に死んでやると思った」「誰でも死にたいと思う時はある」などさまざまな反応が返ってくる。

この章でいう「光をあてる」とは，内的世界にあるもやもやとした言葉にならない「何か」と心理的概念とのつながりを見出し，実際の内的世界の「何か」と同じように実感をもってその概念が立ち上がり感じられていることを指す。このように概念がつながりの実感を持って共有されるプロセスは，人類が言語を獲得し，またその言語を用いて家族を構成し，集団社会を形作る上で，非常に大きな役割をしたと考えられる。この人類が獲得した概念と同じものとして感じる，すなわち「光をあてる」営みが，サイコセラピーの展開においても，重要な役割をなしているということは非常に感慨深いものである。

このような個人内界のつながりは，そのまま人と人との機能的なつながりであるチーム作りに役立つことになる。チームという言葉はメタファーであるが，メタファーが共有されることで，つながりの中での支援が展開される。まなざしをともにあるものに同時にむけることを共視という。ともにみつめていることを共有する関係性が形成されるのもチームの営みである。次章は，人と人とのつながりとしてチームという機能と役割に注目したい。

文　献

伊藤絵美編著（2013）スキーマ療法入門．星和書店．
堀越勝・野村俊明（2013）精神療法の基本．医学書院．
北山修（2005）共視論―母子像の心理学．講談社．
森俊夫・黒沢幸子（2002）解決志向ブリーフセラピー．ほんの森出版．
森俊夫・黒沢幸子（2015）心理療法の本質を語る―ミルトン・エリクソンにはなれないけれど（森俊夫ブリーフセラピー文庫1）．遠見書房．
サリバン（遠山啓序・槙恭子訳，1973）ヘレン・ケラーはどう教育されたか．明治書店．
山上敏子（1990）行動療法．岩崎学術出版社．

第5章
集いチームとなる
集－協　collaborating

〈この章のまとめ〉
　まなざしの移動は，クライエントとセラピストの間での共有する作業であると同時に，その他の人々と何かを共有するプロセスでもある。そこには関係する人が集いチームを見出す営みがある。そしてこのチーム作りそのものが統合的な営みともなる。特定の組織を超え分野を横断する包括的なチーム，それをコミュニティチームと呼ぶが，その展開はサイコセラピーにとって重要な作業である。これらを表す言葉として，「集」そして「協」を挙げたい。

1．予備校というコミュニティにおけるチーム

　大学受験生Ｅくんは，カウンセリング室で，「死にたくなることがある」と語った。憔悴した表情に言葉の重みを感じたカウンセラーが事情を聴いたところ，Ｅくんは，小声ではあったが，勉強しても満足できる大学に入れないことや，たとえ大学に入っても自分の性格では人づきあいで疲れてうまくいかないであろうこと，毎日過ごすだけでしんどいのにそれを受験日まで続けていくと思うと絶望的な気持ちになり，それなら死んだ方が楽なのではないかと考え，ホームの端をわざと歩いたりする，といった語りが返ってきた。

　1987年当時，私が予備校臨床に関わり始めたころ，予備校の担任の中には，心理カウンセラーよりも毎日学生たちに接している担任の方が，受験生の気持ちをよくわかって適切なアドバイスができるという意見があった。このような意見は，1995年から公立学校への配置が始まったスクールカウンセラーに対するクラス担任の中にもみられたと思う。こういった反応は，予備校であれ小中学校であれ，学校で働く心理職の臨床姿勢やスキルを高めることに貢献したと思う。なぜならば，そのような厳しい眼差しの中で，カウンセラーが児童・生徒たちにとって役立つことを，実際に示していく必要があったからである。

　週1回しか会うことができないカウンセラーは，当然日々会っている担任のかかわりをより効果的なものにするような関与を考えるべきであろう。一方担任は，

日々会っている中でうまくいかないところを，カウンセラーに上手に分け入って
もらい，今後のかかわりについて一緒に考えてもらいたいと考えるであろう。カ
ウンセラーは手柄をことさら挙げ示すべきではない。担任に花をもたせるように
動けるカウンセラーでありたい。

　Ｅくんも担任Ｆさんが熱心にささえていたのだが，Ｅくんの「死にたい」とい
う訴えが時々聞かれるようになってから，担任Ｆさんにとって少し重荷になって
きたようである。しかしＥくんを何とかしてあげたいという気持ちから，その重
荷を振り払って，頑張って支えてきた。しかし，そのようなＦさんのかかわりに
もかかわらず，Ｅくんの死をほのめかす言葉は続くばかりか，駅のホームで飛び
込んだらどうなると思うといった話も出てくるようになった。いよいよＦさんは
心配になってしまい，上司に相談し，まずはカウンセラーに担任が相談した方が
よいということになった。

　担任Ｆさんとカウンセラーとの話し合い，つまりコンサルテーションの営みは
非常に重要である。本書ではコンサルテーションを深く扱うことはしないが，コ
ンサルティ，すなわち相談を持ち込んだ人（ここでは担任Ｆさん）をささえ，コ
ンサルティが少しでも心理的に安定してよい形で支援を行えるよう，わき役とし
てコンサルタント（ここではカウンセラー）が動けるかが重要となる。表現を変
えるならば，クライエントをささえる担任とカウンセラーとの支援チームの構築
が目指すべき重要な目標となる。

　担任Ｆさんの話を聞くと，Ｅくんをしっかり支えなければという気持ちと，な
かなか前向きにならないＥくんを前にしての無力感，そして他の受験生への指導
の時間を確保できないことへの焦り，そしてＥくんは死にたいというだけで本当
は死なないのではないかという考えが浮かぶことがまざりあい，正直しんどいと
いうことであった。

　このような場合，カウンセラーはどのような方針で臨むとよいだろうか？　表
5-1に示すような５つの方針について考えてみたい。

　２者関係のサイコセラピーへの志向が強いカウンセラーは，①を徹底して行お
うとするかもしれない。実際，Ｅくんはカウンセリングを受けに来たのだから，

表5-1　Ｅくんに対するカウンセラーの支援の方針

①Ｅくんを相談室につなぐことを中心に考えカウンセリングの継続に注力する
②担任Ｆさんを支援の対象者として関与を始める
③担任Ｆさんの上司にあたる校舎長Ｇさんとも情報共有し，支援チームをつくる
④Ｅくんの保護者に連絡しリスクを共有する
⑤医療機関受診についてのサポートを行う

Ｅくんの来談した力は大切にしたい。学校臨床をある程度行ってきた人は，②や③も同時に取り組むことに焦点をあてるかもしれない。見立てによっては，④や⑤のような学校という生活の場の外部のリソースに着目することもあるだろう。もう少し検討を進めるために，図5-1にＥくんおよび彼を囲む関係者を示した。

　サイコセラピーが得意とする２者関係の相談構造を想定し，Ｅくんとカウンセラーの間の相互作用を深く考えていくことも大事であるが，図5-1に示す通り，すでにＥくんと担任Ｆさんの２者関係があり，またＥくんをささえる教員のチームも存在する。教員チームにカウンセラーも含めれば，チーム学校の考え方で支援を構築することとなる。医療機関が加わるならば，学校外のリソースも含めたコミュニティチームが，Ｅくんの支援を担うことができる。このコミュニティチームには，必要に応じて，保護者や友人などが参加することもあろう。

　このようなさまざまな形のチームが形成されるのは，危機的となっているＥくんに対する「危機介入」が必要とされるからである。地域支援において危機介入は重要な考え方である（山本，2000）。Ｅくんの危機に対して，さまざまな人が集まっていることに着目したい。人が危機を迎えた時，そのことを知った人々が日常の用事を投げうって集まることとなる。そして協力しながら，その人をささえ寄り添おうとする。そのような営みは，人類が有史以来ずっと繰り返してきたことのように思う。チームの原型はここにあると考える。

　人生を歩む中で，さまざまな人と出会うこととなる。悩みを抱えすでにある生活の場にいる家族や友人，知人に相談するならば，それまでと関係が変化する可能性がある。新たに医師やカウンセラーに相談する場合，相談する人との新たな関係を作らなければならない。さまざまな人との織りなす関係がそこにある。そ

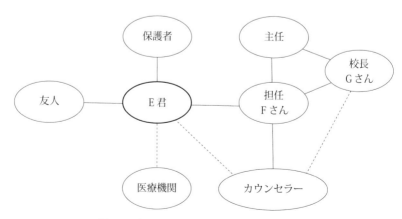

図5-1　クライエントＥくんをめぐるリソース

の中で，少しでも「何か」を共有し相互作用を意識しながら動く場合，そこにチームが生まれる。

　こうすればよいという明確な正解がない中で，チーム内で話し合うことを通して，本人へのチームメンバーのまなざしが深化する。その営みこそがカウンセラーを育てる財産ともなる。特に死を志向するクライエントの訴えをどう扱うかは難しい問題であるし，時にカウンセラーの存在自体を脅かすものにもなり得る。そのような局面において共に考えるチームの存在は，非常に大きなものとなる。

2．チームをめぐって

　どんなに優れた臨床家であっても，誰一人としてまったく一人で支援を進めることはできない。密室での一対一のサイコセラピーにおいても，その相談室が成立するには，社会からの承認が必要である。サイコセラピスト自身も，先人からの教え，スーパーバイザーからの指導，同僚との議論，何よりも過去のクライエントからの学び，それら多くの人とのかかわりの中で自らの専門性を培っている。それらの人々からの影響や相互作用の中でサイコセラピーが営まれているのであれば，それらの人々とのチームを組んでいると言うことも可能であろう。

　すなわち，チームとは野球やバスケットボールの試合であるような，常に目の前にメンバーがいて協働して動くというものにとどまらない。目の前にいない人や，場合によってはすでに亡くなっている人であっても，支援の中でその人の影響や相互作用があるのであれば，その人とのチームが作られていると考えることができる。前者を狭義のチーム，後者を広義のチームと位置付けられよう。表5-1や図5-1で示されたチームは，Eくんの状態に応じて作られる広義のチームである。

　そもそもクライエントの日常生活は，家族，友人，同僚，同級生，恋人，学校の先生，福祉関係者など，さまざまなチームメンバーとのかかわりがある。それらの人々との出会いで，人生の喜びもあるし，苦悩もある。たとえば，ある小学校の児童がいじめを受けた場合，その児童らの日常生活の中で作られた広義のチームにおける不調が生じたと考えることができる。またその日常チームでの不調に対して，日常チームメンバーのみで解決することが難しい事態となった時に，心理支援のための新しいチームが始動することとなる。

　いじめに対しては多くの場合，担任，学年主任，教頭，校長，時に教育委員会担当者が，その情報を共有し対策のための新しいチームを急ぎ形成することになる。法律（いじめ対策基本法）においてもその点が強調されている（元永，2020）。そしてスクールカウンセラーが必要に応じてそのチームに参加することとなる。保

護者もチームの一員となり，対応していく場合もあろう。このチームはいじめに対してその改善を目的とした時限的な，しかし常に連絡を取り合っていくチームである。このチームは時に，対象児童らの広い意味での集団（こちらもチームと言える）で起きていることを注意深く観察し，どのような介入を行うことが，その集団（チーム）のいじめの体質を変えていくことができるか，慎重に検討することが求められる。教室自体のあり方が問われることとなる（荻上，2018）。繰り返しになるが，いじめとは悪性のチームによる関与と言うことができる。いじめの四層構造（森田，2010）とは，まさに悪性の「いじめチーム」の姿である。

　Eくんの場合，チームをめぐって図 5-2 のような階層を考えることができる。コミュニティチームとは，学校外の地域まで含めて作られるチームであり，チーム学校は，主に学校内メンバーによるチームである。事例化チームは，クライエントが事例として浮かび上がるプロセスの中で登場するメンバーであり，クライエントと何らかの関係があることになる。家族チームとは文字通り家族の構成員からなるチームである。

　内的リソースチームとは，その人の中にある能力や技術，性質などであり，必ずしも人物にとどまらないが，その人をささえる者という意味でチームのメンバ

コミュニティチーム	コミュニティでニーズに応じて形成されたチーム：コミュニティを耕していく価値は共有している
↓↑	
チーム学校（組織内チーム）	学校で組織されたメンバー：生活の場を共有する，毎日がスムーズに進むことが重視される
↓↑	
事例化チーム	事例化される過程において浮かび上がるメンバー：事例化の過程で断片的に関与しているが，全体の文脈は共有されず，情報の濃淡が生じている。情報の共有が重要となる
↓↑	
家族チーム	家族の一構成員としてのメンバー：家族の日ごろからの関係や家系などが影響する。未成年の場合，影響はより大きくなる
↓↑	
内的リソースチーム	内面にある活用できるものがメンバー：本人の中の能力や力，症状を含む
↓↑	
イメージチーム	空想の中のメンバー：本人の中でのイメージ，移行対象を含む

図 5-2　チームの階層

──として考えることができよう。イメージチームとは，クライエントのイメージ

の中で作られたメンバーであり，実在の人物ではないが，過去の思い出や空想に

よって形作られた人物イメージであり，内的リソースの一種と言ってよい。この

ような内的リソースやイメージは，クライエントとセラピストの協働によって，

その存在を見出すことができる。これは広い意味でのシステム作りということも

できるし，内的な物語を見出す作業ということも可能である。このような内的な

世界でのかかわりから，外的なコミュニティのレベルでの関与まで，その連続性

を意識したかかわりが可能なのは，心理専門職ならではと考える。

3．p 3 モデルとチーム

　チームにおいては，一定のメンバー間の関係が維持され，共同でみつめる価値

が設定される。ともにみつめる価値が，勝敗も含めわかりやすい数値や点数の場

合もあれば，一緒にチームで取り組んでいくというチームでの生活の営み自体が

重視される場合もある。また，より深いメンバーそれぞれが大切にしている考え

や思いそのものをみつめ尊重し合おうという場合もあろう。これらのまなざしは，

p 3 モデルでいう，評価対象者，人（生活者），人中心と同じであることに気づか

れるであろう。

　すなわち図 5-3 に示すように，チーム自体が見つめる方向が，わかりやすい物

差しで測定される「わかりやすい目標」（勝敗，点数，成績）である時，それは

評価対象者としてみるまなざしが向けられている。家族療法で，IP（Identified

Patient；患者とみなされた人）という表現があるが，これはまさに〈病気である〉

〈問題がある〉というわかりやすい物差しで判断されている。評価対象者としての

評価対象者　person assessed	チームのまなざし：「わかりやすい目標」 　　勝敗，点数，成績 そのまなざしがチームメンバー相互に向けられる
↓　↑	
人　　　person	チームのまなざし：「チームの営みの味わい」 チームメンバーの連帯感，協力の難しさと楽しさ 生活レベルで共有される
↓　↑	
人中心　person-centered	チームのまなざし：「個々人が感じる深い価値」 自分自身が大切にしていること 各人の深い思いが尊重され共有される

図 5-3　チームの 3 つの視点

まなざしが，仮のものとしてその人に向けられていることを意味する。

　人というまなざしであれば，生活の営みのおもしろさにチームのまなざしが向けられる。チームを作りともに共同で活動する営み自体のおもしろさや醍醐味を大切にしていく。家族で言えば，家族生活を営む上で，何らかの役割をそのIPが持っていてその存在を尊重するまなざしとなる。不登校の子どもが，実は父母のいさかいを減らすための不登校という営みをしている場合，不登校という行為は家族をばらばらにしないための役割を担っていると考えることが可能となる。

　そして，チームの人中心のまなざしは，チームメンバーそれぞれが大切にしていることや，かけがえのない命があること，一生続く思い出などを共有し深く感じ，大事に慈しんで尊重していくことにつながる。家族に関して述べるならば，家族であることで何を大切にしたいと考えているのか，家族メンバー一人ひとりが率直に自らに問い話し合い見つめ合う営みの場合などである。そのことのお手伝いを，家族療法という形で行うこともあるであろう。

　チームのまなざしが深まる時，個人の営みと同じように，「探」－「解」－「繋」の各プロセスがチーム内に生じることもある。チームが作られる時に，お互いどのようなメンバーなのか，そしてチームとしてどう協力してやっていけるのかということを探り合う探索段階がまずある。探索の繰り返しによって，そしてチームメンバー間の実際の共同作業を通して，このメンバーはやりやすいとか自分のペースを大事にする人だなといった理解が進むことになる。

　探索，理解の次が繋ぐ段階であるが，チームの目的がすでに設定されている場合が多いため，その目的にそった行動を取ることで，チームにおいては，その行動が目的として掲げていることと合っているかどうかが話し合われる。実際の行動と目的とのつながりが確かめられる作業が行われるということである。そのつながりの点検作業の中で，探索や理解が並行して行われていくことに着目しておきたい。

　いじめ対策チームをp3モデルでながめてみたい。いじめをなくすという明確な目的がまずは共有されチームが作られる。そして，生活へのまなざしが出てくると，単にいじめがないことをめざすのではなく，安心感の中で生活しかかわりあいを楽しむことが重要であることが確認されることとなろう。人中心のまなざしでは，よき市民として日常生活を営むことに加えて，一人ひとりの価値が大切にされその相互尊重の中でつながることの重要性，それはシチズンシップという深い価値でのつながりが大切にされることになる。こういった考え方は，スウェーデンにおいていじめ防止プログラムを展開するオルヴェルズによって指摘されている（オルヴェルズ，2013）。

　このシチズンシップは，コミュニティがどうあるべきかというコミュニティにおける正義の価値観の共有ということもできる。日本ではこのシチズンシップが充分に成熟している訳ではないが，いじめ対策チームは何をめざすべきか考察する上で重要な考え方を提供している。チームの営みは，ｐ３モデルでの点検が意義があるとともに，コミュニティにおける大切な価値とは何かという問いの中で深められることになることにも着目したい。

４．チームとは統合的である

　このように考えていくと，チーム形成および変化のプロセスは，極めて統合的な営みと言える。３つのまなざしが，チームの中で同時に存在するという意味でもそうであるが，ばらばらな支援であったものが，まなざしが共有されることによって効果的なものへと変化し深まっていく，そのプロセスも統合的である。またさまざまな価値を持つメンバーが話し合いをすることで，異なる価値観を尊重する姿勢が生まれるとするならば，これも統合的な展開といえよう。このあたりは集団療法の統合的かつ多様な展開も参考にしたい（小谷，2014）。

　Ｅくんの例でいうと，「死にたい気持ち」をなくすのではなく，「死にたい」を抱えながらもどのように生活しているかを語り合い，生きることの大変さに寄り添い，その中でのわずかな心の動きや印象的な事柄をみつめ，それらのかかわりの中から，大切な価値や深い思いを見い出していく，そこにチームがさまざまな場面でかかわり役割を担っていく展開が重要なのかもしれない。統合的な支援がそこにある。

　チームで行う対人サービスは，チームがうまくまわっている時は，各メンバーの持ち味を生かすことができるであろう。この持ち味こそ，メンバーが内部に持つ有効なリソースである。知識や技術にとどまらず，熱意や温かさ，丁寧さなどもリソースとなる。チーム内である一人のメンバーの熱意を他メンバーが認め率直に評価していくならば，そのメンバーはもっと熱意をもってかかわるであろうし，そのことは支援を受けている人にもプラスになろう。個々人の支援が，単体でも機能すると同時に，全体の動きの中でも有効に働いている。それは統合的に展開している状態と表現することもできる。

　チームメンバーの持つリソースが充分に生かされ，そのリソースをチーム内で言葉にして評価し合えるならば，チームはよい形で進む。たとえばＥくんが「死にたい」と担任に語ることができたのは，担任の「何か」によってＥくんの深刻な心情が引き出されたということかもしれない。その「何か」とは何なのか？それは担任の持っているリソースではないだろうか。その「何か」を考え続ける

ことは，チーム支援において重要であろう。それは，Eくんが求めているものを考える糸口ともなろう。そのことをチーム全体で眺め共有することができれば，個々のメンバーのリソースをチームの外在化する力自体もリソースとなろう。このようにチームは，リソースを見出し活用する有益な機能を持ち得る。

　一方で，チームが統合的に進まないこともある。たとえば，リーダーが示した一つの価値観に他のメンバーが追従するタイプのチームである。組織だった常設チームで，チームが目指す目的が明確で上下関係や役割が固定化した，統一的チームと言えよう。軍隊におけるチームは，典型的な上下関係や役割が固定化した統一的チームである。対人サービスのチームメンバーは，一人ひとりが全体を把握し，主体的に判断していく必要がある。よって統一ではなく統合である。メンバー一人ひとりが対等で相互に影響し合いながら，統合していく。チームが一つの価値に統一されていくことではない。柔軟性が確保されることが重要である。

　つまりここでいう統合とは，一つの価値観に統合されるということではない。違和感や統合されない感覚も大切にされ，その相互作用が何かを生み出すという感覚が大切にされる。それらのすべての営みから支援に必要なまなざしを見い出していく営みと表現することもできよう。

5．本人中心のチーム

　このようにチームメンバーが対等で統合的に展開する際，本人がチームの中心にいて，本人のためのチームとなっているかが重要である。このことは，p3モデルにおいて，本人の一番重要なことが大切にされているか，そしてチームにおいて共有される価値が，本人にとって重要な価値を大切にするよう機能しているかによって確かめることができる。本人の中のまなざしの移動とチームでのまなざしの移動は，多くの場合同時に起きていると考えられる。それは，本人の中で大切な価値が感じられる質感が，チームメンバーの中でも同じような質感を持って共有されることでもある。本人の大切な価値に気づいたメンバーが，その気づきをチーム内に伝え，そのことをメンバーが大切なこととして拾い上げ共有できるかどうかが重要である。

　そのようなチームであるためにも，本人のまなざしの移動についてチーム内で常に意識してくことが重要となろう。そして本人との関係の中で深まっていくことについて，常に意識しておくことも重要となろう。Eくんが死にたいと思うほど大切にしたいと考えていたことは何なのか，それが大学に合格できないという失望であるならば，そこまでして合格したいと考えたのは，その大学入学がEくんにとってどんな価値を生むものなのか，そのことを本人とカウンセラーの間で

じっくり話し合い共有したいと思う。そしてそのEくんの大切にしたいことが，家族にとっても大切な価値であるかどうかについても，考えていきたいところである。そしてそのEくんの大切な価値は，コミュニティにとっても宝物となる可能性があることにも連想を広げていきたいとも思う。

20世紀後半からの民主主義の成熟は，本人中心という考え方を深める歴史的に大きな作業を行った。その流れを受けてパーソンセンタード・アプローチという考え方や実践が，サイコセラピーの分野でも大きな意味を成すこととなった。家族もそして本人もチームの一員として考え，メンバー個人の価値観を最大限に大切にしながら，各個人が家族という集団に対して何を期待しているか，何を大切な価値として共有していくかを考え続ける営みは，基本的にはパーソンセンタード・アプローチの考え方を踏襲したものである。近年注目されているオープンダイアローグの営みは，本人をチームの一員とし個人の価値観を大切にしながら集団において共有できる価値観，本人と家族と治療者を含めたチーム内で共有できる価値観を求め続け語り合うという姿勢を徹底させた営みと考えてよいであろう（斎藤，2015）。

一方で，本人中心にならないチームプロセスの検討もしておく必要がある。本人中心になっていないことに対するメンバー内の気づきがあるかどうかは重要である。「本人の気持ちを確認していないのでは？」といった気づきである。これらの気づきは，本人が自らの希望を言えないような状況において，たとえば認知症が進行した段階や終末期で本人の意思が確認できない場合などで，チーム内で代理判断が必要となる局面において特に重要となる。

6．チーム展開と難しさ

チームという営みは，異なる価値を持つ支援者がともに動く際，多様性を受け入れながら，一方で目指す方向を共有していく上で，すぐれた方法である。多職種チームという形で，多様な学問が相互に影響しあって，multi-disciplinary（多学問領域的）な支援が行われる意義は大きい。一方で，家族療法や集団療法の経験を活かし，チーム形成プロセスについて議論を深めることも可能となった。

たとえば，同一集団において一定の作用が起きていると，原因→結果という形で物事が把握できなくなり，すべてのことがらは円環的となり，原因→結果→原因→結果となり，あらゆるできごとが原因にも結果にもなり得るという状況となる。これは家族療法理論において円環的因果律として注目されている。チームで取り組んだことがうまくいかなかった時に，その原因探しが始まり，特定の誰かに責任を負わされるというチーム形成が阻害されるプロセスを，円環的考え方に

よって回避することができる。

　このように，家族療法や集団療法から得られる知見は多い。本人が家族か集団の中で経験する事柄から，我々は多くのことを学ぶこととなった。また認知症ケアにおいても，悪性の心理に関する検討が行われ，チームに生じるネガティブな心理への気づきが重視されてきた（キットウッド，2005）。つまり，ネガティブチームやチームストレスの検討が重要となる。家族療法においてIPという考え方があるように，その集団（家族）の関係のゆがみの中で，問題がある人として認識されることが生じる。これはその集団の不調を何とかしようとして生じたスケープゴード（犠牲者）としてみることでより精度が高く状況を理解できる場合もある。チームストレスはスケープゴードを生みやすいという認識は重要である。すでに述べたように，いじめという現象はまさにこのスケープゴードを作ることで集団の不調を調整しようとする営みと考えることができる。

　これらのチーム内の相互作用に対して，円環的な性質に気づくことは重要と先に述べた。複雑な円環的関係をすべてオープンにして語り合う営みがオープンダイアローグである。オープンダイアローグの営みはまなざしの移動を，そのまま本人と率直に共有していくプロセスと言ってもよい。チームで何事も隠さずにするという感覚を重視し，チーム内で体験した感覚を共有して深化させていくプロセスは，オープンダイアローグならではのものである。本人が支援の対象という受け身の立場ではなく，チームの一員として主体的に関与することが，チームメンバー内で大切な価値として育まれることを望みたい。

7．コミュニティチーム

　医療の場において，医師が，看護師や薬剤師，そして作業療法士，理学療法士，心理専門職といったコメディカルの職種とチームを組んで対応するチーム医療が強調されている。国レベルでも，チーム医療に関する検討会が行われ，医療現場におけるチームのあり方が深く議論されている。また，高齢者や障がい者の在宅ケアを中心として，医療と介護の協働が，地域包括ケアチームとして論じられることも多い。

　このようにチームという言葉は便利ではあるが，このような対人サービスの担い手にとって重要な概念が日本語になく，英語のteamから借りてこなければならなかったのはどうしてなのか，ふと考えることはないだろうか？　昔の日本には現在用いているチームという言葉が指し示すような集まりがなかったのであろうか？　いや「家」や「組」「寄合」「村」といった生活の場を共にする集団は，昔からあったのだと思う。しかしチームとは，生活の場を共にするという面ではな

く，そのめざす目的や機能を共有する集まりである。全国のどこにでも出現する水戸黄門のご一行やお忍びの忍者集団が，チームに近い。しかしこれらのチームには，その集団を特徴づけリードする長や秘密の掟やルール（「山」「川」といった合言葉など）が重要となる。

すなわち，メンバーが深くつながっており，以心伝心で通じ合っている「組織レベル」の常設チームである（黒沢ら，2013）。医療における病棟チームや救命救急センターチーム，入所施設における施設スタッフチームは，高度な技術と役割意識を有した常設チームである。しかし，活動の場が，病棟や施設から，在宅の場に移ったならば，地域のリソースがケースごとに集う「事例レベル」のコミュニティチーム（地域チーム）が作られる機会が増える。コミュニティチームは，常設ではない場合も多い。ケースや家族のニーズに基づき，「ケース個々にその都度編成される関係者の集まり」であり（黒沢ら，2013），オーダーメイドのチームである。その意味では，本人中心のチームという原則が大切にされる。

コミュニティチームは，常設チームでない分，限られた時間の中で，チームの目指す目標を見立て，チームメンバー間の役割分担を見極め，メンバー間の情報共有を進めなければならない。常設チームより高度なコミュニケーション能力が要求される難しさがある。しかしながら，コミュニティチームが充分に機能するならば，大きな力を発揮するであろう。

サイコセラピーにおいて，たとえ密室の中で二人だけで語り合う面接が続いたとしても，クライエントの話に出てくる登場人物が生き生きと感じられ，まるでチームの一員としてイメージされていくことも起きる（図5-2に示した通り）。直接会っていなくても，クライエントをささえるチームメンバーとして想定されることとなる。そのような語らいが続いていくと，実際にそのイメージ上のメンバーがセラピストとうまい形で役割分担してくれるといったことも起きたりする。すなわち，サイコセラピーのプロセスが，コミュニティチーム形成のプロセスと重なることがあるということである。

チームメンバーは，いまは存在しない過去の重要な人の場合もある。そう考えるならば，本人の持つコミュニティチームが，その人生の歩みの中でどのように作られてきたか，回想をじっくりと聴くことが重要であることがわかる。いまここでの支援で作られるコミュニティチームが，過去のコミュニティチームとどう相互に影響しあっているかというまなざしは，サイコセラピストならではのものかもしれない。

ところで，そのような現在は存在しないが，内在化している過去のコミュニティチームは，内的リソースの一つと考えることができる。一方，現在あるケース

の周囲にある活用可能な資源は，外的リソースと呼ぶことが可能である。まなざしの移動とは，外的リソースから内的リソースにまなざしを移していく営みとも言える。

　医療という枠組みを超えての生活の場において，本人を中心にささえていく，この考え方に異論をはさむ人は少ないであろう。しかし，このような支援は，常設チームとは異なり，そのチーム力を維持するために多くの努力を必要とする。どのようにコミュニティチームを維持していくか，課題は大きいが，国家資格である公認心理師に向けられる期待の一つは，ここにもあるとも思う。

　チーム内でのまなざしは，つながりへのまなざしであると同時に，内的なつながりのプロセスでもある。「動き」に何か（まなざし）をつなげる営みとして，言葉を与えることの意義についてふれたが，その営みによって新しい「動き」が生まれる。すなわち，「動き」＋「まなざし」＋「言葉」＝「共有」（人と人とのつながり）となり，そのつながりを継続的なものと感じる感覚が，チーム感覚として意識されることで，内的つながりの質感とチームの質感とが同時に生じることとなる。これらの感覚は，アドラーが言うところの共同体感覚（Gemeinschaftsgefuel）「他者を仲間だと見なし，そこに"自分の居場所がある"と感じられること」（岸見ら，2013）との類似性を感じさせる。

　ところで，コミュニティチームの営みは，そのままコミュニティ自体が持つサポート力の活性化につながる。このことを「コミュニティを耕す」と表現したい。実際，Eくんを支援するコミュニティチームは，そのまま予備校というコミュニティが，心の支援という観点からどのようにあるとよいか考える営みにつながった。コミュニティの持つ文化を理解しながらコミュニティが少しずつ変化することにまなざしを向けることが重要である。このコミュニティの持つサポート力へのまなざしは，大学受験生の生活している現実や，そのコミュニティの中で本人が大切にしていることへの気づき（質感）への理解を深めながら，コミュニティチーム・メンバーが共有していきたい。

　ところで，コミュニティはまた混沌を生み出す。なぜならば，コミュニティにおいては，さまざまな価値を包み込み，その相互作用が重要視されるためである。そのような何でもありの混沌の中でどこに軸足があるのか，何を重視することが，支援を意義あるものとするのかを，次章にて論じていきたい。

　これまでの章では，［眼－移］まなざしの移動，［探－深］深める，［解－察］理解する，［当－繋］つなげる，［集－協］チームを作る，という機能について論じてきた。これらのプロセスを経て，どのようなサイコセラピーの機能が求められるかを，次章において論じていきたい。

文　　献

岸見一郎・古賀史健（2013）嫌われる勇気．ダイヤモンド社．

キットウッド，T.（2005）認知症のパーソンセンタードケア―新しいケアの文化へ．筒井書房．

小谷英文（2014）集団精神療法の進歩．金剛出版．

黒沢幸子・森俊夫・元永拓郎（2013）．明解！　スクールカウンセリング．金子書房．

マクゴールドリック，M.，ガーソン，R. & ペトリー，S.（2018）ジェノグラム―家族のアセスメントと介入．金剛出版．

元永拓郎編（2020）関係行政論　第2版（公認心理師の基礎と実践　第23巻）．遠見書房．

森田洋司（2010）いじめとは何か―教室の問題，社会の問題．中央公論新社．

荻上キチ（2018）いじめを生む教室．PHP研究所．

オルヴェルズ，D.（2013）オルヴェウス・いじめ防止プログラム．現代人文社．

斎藤環（2015）オープンダイアローグとは何か？　医学書院．

佐藤由佳利・元永拓郎（2020）教育分野に関係する法律・制度（2）心理支援編．In：元永拓郎編（2020）関係行政論（公認心理師の基礎と実践　第23巻）．遠見書房，pp.157-169.

山本和郎（2000）危機介入とコンサルテーション．ミネルヴァ書房．

第6章

どこに重きをおくのか
価－律　evaluating

〈この章のまとめ〉

　サイコセラピーが終わると，クライエントは日常生活に戻ることになる。その日常において，何を心の中に持って，何に重きをおいてその人の生を生きることとなるのか，そこが重要となる。サイコセラピーにおいて何を重視していくことが，クライエントに資することになるのであろうか。クライエントの生活する生活の場（コミュニティ）の性質や機能も読み取りながら，クライエントが自律して生活することを力づけるもの，エンパワメントするものを，日常生活に持ち帰ってもらうことが肝要である。またクライエントの生においてかけがえのないものを見出し大切にすることに寄り添い，クライエントが自ら生きることを支援するようなサイコセラピーのプロセスを大切にしたい。それらの作業は，「価」そして「律」という文字で表すことができるだろう。

1．グローバル企業で働くということとは？

　ある企業で働くＧさん（30代男性）は，日々仕事に追われる中，自然の中でのんびりとした生活をしていきたいと常々感じていた。実際短い休日を自然豊かな田舎で過ごすと心や身体がリラックスし，頭の中にさまざまなクリエイティブなアイデアが浮かび，それを楽しむことができた。しかし，会社では締め切りのある中，過重な業務を求められている。職場内チームを率いなければならないこともあり，そこで求められる価値観と，自分が本来求めていることとのギャップが大きく，引き裂かれている感じを強く持っていた。成果を求める上司からは厳しく評価され，落ち込むこともしばしばであった。最近は残業時間も増え，家に帰っても仕事のことを考えてしまい，寝付けないことが多くなった。日中も頭がぼーっとして集中力が落ちてきている。妻からも近頃疲れた顔をしていると指摘された。

　会社である程度評価されたいという気持ちもＧさんの中にはあった。しかしそのためには相当な努力をしなければならず，仕事のできる部下たちから馬鹿にされないようにと，無理してでも仕事を引き受けてしまい，仕事を適切に部下にふ

ることができていない。

　企業内の相談室でＧさんの話を聞いて，カウンセラー自身が引き裂かれていることに気づいた。企業で働くカウンセラーとしてはＧさんが会社内で持っている力を充分に出し切って働けるように支援すべきであると考える一方で，Ｇさんが大切にしたい価値観にもっと焦点をあて，会社で働くことの人生の中での意味について考える時間が重要であるとも感じたのである。

　もちろんＧさんに寄り添いＧさんが本当に求めていることに焦点をあてることができるならば，意味のある支援と言えるかもしれない。会社という現実で少しでも力を発揮できるようなスキルを見出すことのお手伝いもまた意義ある作業とも思う。しかし，内なる自分の促しと現実の要請に答えることとのギャップにどう向き合っていくか，その難しい状況にいることをより深い部分で理解し寄りそうことの重要性もまたあると感じた。

　このことは，Ｇさんが会社や働くといった広い意味での社会参加をしていく上において，アンカーとなるもの，つまり自分を深い部分で支える価値や希望とは何なのかを見出すプロセスでもあろう。Ｇさんが自分で歩み生きていく中で支えとなるものとは何かということである。このようなＧさんへの支援において，まずはＧさんがこの相談室では何を話し合っていきたいか，そして目指していきたいことは何なのかという主訴が入り口になるのはもちろんである。そして主訴の中に託された深い思いを，カウンセラーはＧさんとの対話の中で見出すことが求められよう。

2．価値あることに重きをおく

　Ｇさんと出会い，まなざしが深まり，心の深いところでの相互作用があり，しかしいまおかれている現実を眺め，Ｇさんの深い思いと現実のギャップを，カウンセラー自身が同じくギャップとして感じ，その中での語り合いが行われる。Ｇさん自身が特定のものさしで評価される立場でもあるし，大切なことを大切にしていこうと願う人中心の存在でもある。これまでみてきた大学受験生も，認知症を持つ人も，関節リウマチを持つ人も，成績や認知機能や家事ができるかなどの物差しで，自らを測り，点数が上がるように，または下がるのをなるべく緩やかにすることに力を注いできたということもできる。

　そのような状況の中で，クライエントもカウンセラーも次のことに気づくことになるのかもしれない。それは，わかりやすい物差しで測られてしまう現実の世界は重要だけれども，それだけではとどまらない大切な価値へのまなざしがかけがえのないものであるということ，である。そして，クライエントとカウンセラ

ーの良好な関係性の中で，その大切な価値がかけがえのないものとして扱われて
いく体験が重要となる。そのような体験の変化を，図6-1にまなざしの移動とと
もに示した。

　もちろん現代社会を生き抜いていくためには，私たちは社会から客観的に評価
される立場に身を置かざるを得ない。一市民として生きぬいていくためには，世
間（周囲）からの客観的（に見える）評価を潜り抜けていかざるを得ないであろ
う。そして気を付けなければ，自分に向けられたものと同じような基準で，自ら
が周囲を評価する存在にもなってしまう。図6-1に示すように，それぞれのまな
ざしを持って自らをながめる（それを☆で示した）と同時に，そのまなざしが自
分の中に内在化され，その価値基準で周囲の他者をながめ自分自身と見比べ評価
することにもなり得る（それを★で示した）。

　しかし繰り返しになるが，客観的評価そして比較のためにすべてのエネルギー
を投入する生活は，非常にバランスの悪いものとなる。Gさんの悩みの本質はそ
こにあった。そして，評価される立場に否応なしに置かれてしまいその評価に圧
倒されてしまう生きづらさが，現在の社会を生きる上で避けようがないこととの
対峙が重要であった。そして，それらの営みの中に，深い価値の共有プロセスを
見出し続けることへの気づきが得られることもあったのである。それは，評価対
象という立場に激しくさらされながら，その厳しい状況にあるからこそ，本当に
価値あることに重きをおくことの力や意味を学ぶ営みということもできよう。そ
の営みの中で，生活者としての評価や，人中心としての評価に重きをおく瞬間が
見いだされるのである。

　これは，その人が暮らすコミュニティにおけるわかりやすい価値基準と対立す
ることで大切な価値を守ることとは少し異なる。コミュニティに親和性のある価
値基準に巻き込まれながら，そこでの身の置き方のコツを身につけつつ，重きを
おきたいことや深い価値を大切にするにはどうしていけばよいかを考えて続ける

営みである。まなざしの移動を充分に行った上で，自分の実際の生活における優先順位（Priority）をどう設定するかという考え方でもある。そのような状況では，コミュニティ自体が有するまなざしの移動にも留意したいところである。

　ところで，このような重きをおく営みを，クライエントが自分自身で行える力として意識するのは，カウンセリングの面接の終わった後となる。つまり，面接には終わりがあるからこそ，クライエントが自分一人で重きをおく営みを続けていけるかが問われる。これは，主体性や自律性が刺激される体験につながる。

　終わりのない面接はない。そもそも面接が終わり部屋のドアを開けて廊下に出ると，そこには現実の物差しで測られる世界が広がる。そう考えるならば，クライエントとカウンセラーの出会いが，面接室の外の現実の世界にどのような影響を及ぼすのか，そのための目配りや調整，どんな感じかというアセスメントが，面接場面においても重要であることがわかる。面接を終わる営みは，自律性を伴った歩みの始まりでもある。

　面接の終わりに，今日相談室を訪れた最初の時のことに戻っていくことは時々ある。たとえば，面接の終わりにあたって，「今日は本当によく来てくださいました」「今日の最初の話に戻りましたね」「面接の初めの話題につながりますね」といった形で，面接をクローズすることも多いであろう。面接の途中での深い話を終えるにあたって，クライエントが面接を訪れてきた時の状態，それが現実であるが，そこに戻ってもらうプロセスである。

　すなわち，サイコセラピーやカウンセリング面接の終わりは，クライエントにとって現実にもどるプロセスであり，現実の中での未来と向き合うプロセスともなる。現実と向き合いながら，サイコセラピーという体験を，クライエントはながめることになる。いまここにある現実の世界において，サイコセラピーはどのような存在なのか，サイコセラピーが持つ役割とは何なのか，そしてサイコセラピーがどうあることが，現実のいまここを生きるクライエントによい影響を与えることになるのかなどを，明確に意識せずとも感じ考えることになろう。その中で，サイコセラピーの体験が何だったのかと，その大事な意味について考えることとなる。それはクライエントが行うサイコセラピーに対する評価のプロセスである。そしてセラピスト（カウンセラー）もまた同じように，サイコセラピーは何だったのか振り返る評価のプロセスを同じく体験することとなる。

　このようなサイコセラピーを振り返るプロセスは，毎回の面接の終わりや面接の終結に近づく段階において重要となる。Gさんとの面接が終結を迎える際に，面接で行ったことの振り返りが充分になされるならば，それはGさんの日常生活の中に自律的営みをもたらすことにもつながり，その面接は長い期間にわたって

影響を及ぼすこととなろう。

　面接の終わりに現実の生活の話に戻る場合であっても，充分なまなざしの移動
をした上であれば，評価される人として存在も，それまでとは異なったものとな
る。クライエントが生きる現実の生活において，何に重きをおくことが，クライ
エントの現実の生をささえることにあるのか，自らの人としてのまなざし，およ
び人中心のまなざしを大切しながら，自分の意思や判断を大切にすることができ
る。Ｇさんにとっても，そのような主体性を活性化することが自分にとって重要
であることを，サイコセラピーにおいて体験したことが，大切な気づきであった
と考える。

3．ゴール設定と主訴

　大切なことに焦点をしぼる営みとして，サイコセラピーにはゴール設定という
極めて強力な方法がある。ブリーフサイコセラピーなどの効果的なサイコセラピ
ーを目指す分野では，ゴール設定に関するさまざまな取り組みがなされている。
主訴の明確化とも関係することであるが，未来の時間を展望する「どうなりたい
か？」という問いが重視されることもある。「もし朝起きてみたら奇跡が起きてい
て変化がすでに起きていたとするならば，どのようなことであなたはその変化に
気づきますか？」といった問いを立てることもあろう（ディヤング，2016）。

　たとえば「少しでも楽に毎日を過ごせればよい」というゴールが設定されるこ
ともある。このような一見あいまいなゴールであっても，セラピーの途中に，「こ
のようなやりとりをすることは，少しでも楽にというあなたのゴールに近づくも
のとなっている感じがしますか？」と丁寧にそのゴールを話題にしていくならば，
ゴールがより質感を持ってセラピストとクライエントとの間で共有されることに
つながるかもしれない。少なくとも，セラピストがスーパーバイザーとの間で，
この面接のゴールは何かをめぐって話し合うことは有意義であろう。

　すなわちゴールは明確とならなくても，いま進んでいる方向が，ゴールにたぶ
ん近づいているのか，それとも遠ざかっている感じがするか，意識しておくこと
は，面接の質を上げるために役立つ。ゴールに近づく感じがすることに，サイコ
セラピーが何らかの役割を持っているかについても話題にして，何となくの感じ
を意識しておきたい。サイコセラピーにおいて，明確な目標や役割が見出せない
場合もあるであろうが，何となく身体が向かっている方向や，それに何らかの役
割を面接の場は持っているかなという感覚をもとに，サイコセラピーの構造を大
まかにつかんでおくことも意義深いと考える。

　サイコセラピーの構造に関して言うと，サイコセラピーの初期段階は，おおむ

ね探索および理解のプロセスとなる。そしてそれらを通して何らかの介入がなされることになるが，場所，時間，料金，頻度といった物理的構造のみならず，何を扱っていくか，何をゴールとするかについて構造化されることが，サイコセラピーを安定したものとする。しかしながら，何を扱い，何をゴールとするかについて，それをはっきりとさせることが効果的でない場合もあり，その場合どうするかがサイコセラピーの難しいところであり醍醐味でもある。

　第3章で述べた第2から5レベルの主訴は，まさにこのゴールを明確にしたものということができる。この主訴レベルを押さえつつかかわることで，サイコセラピーが膠着している局面においても，変化していくことや将来の希望に焦点を当てることになり，クライエントにとっても負担の少ないそして効果的な介入が可能となろう。

4．コミュニティの自律性

　クライエント自身が，周囲から厳しく評価される現実について，セラピストと語り合うことは，面接において多いであろう。そのような場面でも，クライエントの深い心情にまでまなざしを移した後の語り合いであれば，ただ現実を語り合っていることとは対話の意味が異なる。サイコセラピーは，現実を日常の生活を話題としながら，クライエントの深い心情を感じながら行う営みでありたい。評価される成果も，日常生活者としての人としても，深い心情を持つ人中心も，ともにみつめた上で，やはり現実社会での成果も目指すということは自然なプロセスかもしれない。さまざまなレベルを体験し深く感じた上で，現実もみつめるということもある。支援する側の役割とはどこにあるのだろうか。心理専門職としての役割の限界と可能性について考えるよい機会ともなる。

　深い部分でのかかわりあいや共有があって，その質感やつながりを持ち帰ることで，クライエントは初めて現実に向き合えるということもあろう。人間の弱さや一貫性のなさ，欠点，嫉妬，怒り，理不尽さ，悔しさを感じつつ，一方で，喜び，おもしろさ，醍醐味，希望，前向きさ，たくましさを感じ，それらに実感を持ち味わいながら，現実と向き合っていく。評価されることの理不尽さとそれを受け入れざるを得ないふがいなさが，世の中を覆っている。そのような現実の中でも，自分のかけがえのなさをどのように見出していくかが，サイコセラピーの重要な課題である。

　企業におけるチームの機能と役割について考えてみると，利益を上げる，企業に貢献するチームのあり方が目指されることになる。働くものは，この価値から逃れることはできない。しかし実際には，チーム内の情報共有や信頼関係の中で，

この価値のみでないさまざまな人間的な価値観が見え隠れすることになるであろう。この情報共有や信頼関係は，コミュニティチームにおいても同じかもしれない。もっともコミュニティにおいては，多様な生活が維持されることに重きが置かれるので，事情は異なるであろう。

　企業は契約関係の中で営まれている。その意味では，企業としての大きな枠が職場には設定されている。そのような状況において，どれだけ企業に貢献できるかが，職場内メンバーには求められることになる。しかしながら一方で，ワークライフバランス，ワークエンゲイジメントという考え方も重要となってきており，メンバーの思いや願いを大切にするようなマネジメントのあり方が重視されてもいる（ドラッカー，2001）。

　そもそも企業というコミュニティにおいて，目指すべき深い価値を探求する場合もあるが，それは企業の社会に対するミッションとして表現されることになる。そこには個人の営みの深い価値との関連が見出されることもある。創業者によってその深き価値の追求が物語として語り継がれる場合もある。一方でそれが失われつつある企業コミュニティもある。

　企業が創業以来の確固とした，社会的ミッションを持ち，自律的仕組みを持つ場合もある。その場合，そこに関わる人は，企業の自律性に大きく身を寄せながら，一方で自らの自律性を築こうとする。そこに，その人や家族の生活する地域のコミュニティもある。そして地域の価値と企業の価値との折り合いは，そのまま個人とコミュニティとの折り合いの参考となる。自分が属する地域コミュニティにおける深い価値への認識をふまえ，地域コミュニティと企業活動とのささやかな関与とのバランスが重要となる。これらはワークライフバランスとして意識されることも多い。

　カウンセラーの立ち位置も，企業で活動する場合は企業との契約関係の中での役割を持つ。また一方で，プロフェッショナルの姿勢としては，心の深いところまでかかわる存在でもある。そのことに対する割り切れなさと割り切れるところのゆらぎが，サイコセラピストの本質的課題でもある。面接の中で，現実原則（契約関係）と深い永遠の価値への接近が交わり合う，それが繰り返される営みである。そしてそこでは，できないことは引き受けない，なるべくわかりやすいものとしていく，コミュニティ全体でささえていくという姿勢も求められる。

　地域コミュニティの自律性は，往々にしていわゆる個性的なゆるやかな人付き合いによって構成される。しかし効率性が時に重視され個人の主張や個性が押さえつけられる場合もある。そのようなコミュニティの圧力に対する反応として，心の支援が利用される場合がある。疾病利得，ないしは被害者としての立場を確

固たるものとするためにカウンセリングを利用する場合などである。このことには充分に留意する必要がある。

　チームが利用されることに対して，チーム内で声をかけ合い，そのような巻き込みが起きていることを充分に認識することが重要である。もしそれが充分にチーム内で共有されれば，巻き込まざるを得ないクライエントの苦しさや生きづらさにまなざしを向けることができる。コミュニティの中で共に生きるものだからこそ，その生きづらさを共にすることもできるのかもしれない。コミュニティにおけるそのような生きづらさに寄り添いながら，コミュニティの持つ別な側面，成長促進的な部分を見出すことができれば，それはとても意義深いことであろう。

5．評価を評価する

　日本語の評価には，ある物差し（尺度や判断基準）を用いて，その物差しではどの程度の状態なのかを評価するという意味でのアセスメント（assessment）という意味と，その者が持つ価値や世の中や人生におけるかけがえのなさを考えるという意味での評価（evaluation）という2つの意味がある。アセスメントは判断基準があり分かりやすいが，このアセスメントによって，評価対象としてのまなざしが独り歩きし，人の人生を窮屈にする可能性があることは，これまでに何度も指摘した。私たちセラピストは，後者（evaluation）の意味である，人生において最も大切な価値を見出しそれに寄りそっていくという本質的な意味での評価をするために，まなざしの移動を重んじる。そしてそれは，評価を再評価する営みといってもよいかもしれない。

　表面的であるけれども現実において大きな意味を持つアセスメント的評価から，内的な人中心の「変化」に重きをおき，それをクライエント，セラピスト，チームで共有し本質的評価（evaluation）に取り組むこと，それがサイコセラピーの中心的営みと考えられる。セラピストのまなざしがより深いところを向いているのであれば，クライエントの中に生じている変化に敏感に注目しそれを促進する営みはすでに始まっているであろう。

　しかしながら繰り返しになるが，そのような営みにおいては，すでにクライエントががんじがらめに縛られ翻弄されている現実，すなわちお金による評価，仕事の成果での評価，学校における成績評価，家族内での評価などを，しっかりと共有することが重要となる。なぜならば，そのような目に見えるはっきりとしたアセスメントの中に，クライエントそしてセラピストも，どっぷりとつかっているからである。そしてその現実から逃れることができない。

　そのような現実の中で健康を害した人を救済すべき医療もまた，医療的評価と

いうアセスメントの方法が洗練されてきている。その具体的な内容は後ほどふれたいが，医療的評価によって，また私たちが人中心的なまなざしを持つことを妨げられる，その危険性にも気を留めておく必要がある。そもそもアセスメントとは，本質的に重要なことを大切にするために，生み出された取りあえずの採点方法のはずである。しかし現代社会においては，アセスメントによって得られた点数が独り歩きし，いかにもある状態を表す数字としてみなされるようになってきている。本質評価のための手段としてのアセスメントであったはずが，アセスメントでの点数が目指す目標となってきている。こうなりやすい性質について，私たちは細心の注意を払い自覚的であるべきである。

　手段としてのアセスメントは，人類の営みという観点から考えてみると，人類全体が有するエネルギーの量をわかりやすく把握することになり，利益配分の優先度を決定する上で重要となる。またアカウンタビリティを重視することになり，コミュニティでの位置づけを明確にする。次世代への支援の伝承という点でも意義があろう。

　それではアセスメントを本質的な意味での評価に発展させるためにはどのようにすればよいのだろうか。ここでプログラム評価の営みを紹介したい（ロッシら，2005）。ここで言うプログラム評価とは，対人支援の事業の効果を包括的に評価しその事業の発展につなげる営みであるが，サイコセラピーも対人支援の事業と位置付けることができるので，プログラム評価の考え方をあてはめることができる。実際，プログラム評価で示される表 6-1 の 5 つの要素は，サイコセラピーの営みと並列して表現することが可能である。またこれらのサイコセラピーの要素を，本書の各章と併せて考えると，表の一番右のようにあてはめることが可能かもしれない。

　ニーズ把握は，明らかに"深まる"プロセスとの共通項が多い。もちろん"わかる"営みでもある。理論的アセスメントは，どのような支援が有効かを諸理論との関係で構築することであるが，それはサイコセラピーの諸理論も参考に支援計画を策定することであり，"わかる"ことと"つながる"ことと関連する。プロセス評価は，計画通りに介入が実行されているかを観察することであるが，これはチームにおいて起きていることを観察し共有するプロセスと近いと考えられる。そしてアウトカム評価は，そもそものこのような介入は効果があるのかという検討であり，そのアウトカムを明らかにし，人々と共有する作業であるので，"集いチームとなる"ことと"重きをおく"こととも関係する。⑤効率評価は，要した時間や労力に見合うだけの効果が得られたかという検討であり，これは"重きをおく"ことと包括的検討として位置づけることができるだろう。

表6-1 プログラム評価とサイコセラピーのプロセス

プログラム評価の要素	サイコセラピーの要素	まなざし
①ニーズアセスメント	a. ニーズ把握	深まる
②理論的アセスメント	b. サイコセラピー理論による支援計画策定	わかる
〈介入〉	〈介入〉	〈介入〉
③プロセス評価	c. プロセス評価	つながる
④アウトカム評価	d. 結果の評価	集いチームとなる
⑤効率評価	e. 面接の終結	重きをおく

　評価というと「④アウトカム評価」（d．結果の評価）にのみを考えがちであるが，実際には，「①ニーズアセスメント」（a．ニーズ把握）から始まり，「②理論的アセスメント」（b．支援計画策定），「③プロセス評価」（c．プロセス評価），「⑤効率評価」（e．面接の終結）などの流れを重んじる多面的評価が重要となる。サイコセラピー，およびまなざしの移動も含めて説明するならば，ニーズ把握は主訴の把握とほぼ同じであり，深まる営みである。その主訴のより深い部分でわかるプロセスは，サイコセラピーの進行とともに続く。計画通りに進んでいるかは，行われていること，および生じていることをことばとつなげて認識する作業が重要となる。そして結果の評価は，本人と共有され家族や周囲の関係者とともにみつめることで検討される。

　そして面接が終結する段階で，これまでの営みを振り返り，時にはそれまでに要した時間と行ったことを考え，大切なことは何なのかその価値について思いをめぐらすことになる。これは効率評価に位置づけられるが，自らの費やした時間と行ったことすべてを振り返る営みでもあり，重きをおくという営みと同様なもののようにも感じる。このように評価という営みは，支援の各段階で行われる部分的なものと，各段階を組み合わせた包括的な評価とがあることがわかる。部分的な評価は，評価基準（ものさし）によって測ることのできるアセスメントの性質が強いが，包括的な評価は部分的評価を系統的に用いた包括的な評価となる。それは，図6-2に示すようなアセスメントと包括的評価の関係であり，包括的評価となる方法が系統的アプローチと言われるものである。

　この包括的評価は系統的な手続きであると同時に，評価のあり方自体を問い直す，すなわち評価を評価する営みでもある。評価をしている自分自身を，俯瞰的に見つめなおすまなざしがそこにある。評価する営みが評価されることによって，その評価の営みの質が上がることになり，結果として行われる評価の精度も上がるであろう。このようサイクルがうまく回るならば，プログラムがより良い方向に変化していくことになる。

アセスメント　　　　　　　　　　包括的評価
Assessment　　───────────→　　Evaluation

系統的アプローチ
Systematic approach

図 6-2　アセスメントと包括的評価

　サイコセラピーにおいても，営みの一つひとつを評価し，その営みの流れを振り返るのみならず，振り返り評価している自分自身を俯瞰的に見るまなざしを大切にしたい。評価する営み自体を評価するコツをつかめば，サイコセラピーという営みは自律的にその質を高めていくものとなろう。今やっていることっておもしろいな，自分にとって意味があるな，という直観も評価の一つであるが，そのおもしろいと感じた自分（セラピスト）がどうしてそう感じたのか振り返ることで，クライエントの状態やそれに反応するセラピストの特徴，そして二者間でどのような相互作用が生じたのかを振り返ることができる。そしてそれらの営みを治療的なものとするための方法を考えることが，サイコセラピーの質を高める上で大切な作業となる。評価すること自体が評価される仕組みが重要となるのである。

　直観を感じ言葉にしその意味することを評価する営みは，セラピストが先行して行うことかもしれないが，セラピスト－クライエントの２者関係の中で深められていく。そしてやがてクライエントが企業とのかかわりの中で，そして地域コミュニティの中で行うこともあるだろう。クライエントがそのような作業を日常の中で行えるのであれば，そこにクライエントの心的成長があるといってもよいかもしれない。これらは，評価の統合的営みと言ってよいであろう。その営みは，大切な価値を自律的に求め続けることであろうし，自分の力で生きるということを実感することでもあるかもしれない。Ｇさんとセラピストとの営みは，大切な価値を求めることの難しさを確認しながら，その中でどのような生き方ができそうかを，Ｇさん自身が求める旅路であったと思う。

６．医療とのかかわりの中で重きをおく営み

　医療においてエビデンス（科学的根拠）を重視した診断および治療が行われるようになっている。精神科領域では，DSM（Diagnostic Statistical Manual for Mental Disorders）という臨床研究における統計的な分析に適した診断基準に関するマニュアルが作成され，このマニュアルを活用した診断と治療が行われている。

　DSM が導入される以前は，医師によって診断が大きく異なるという問題が，精

神科領域には存在し，そのことが精神科治療の一貫性に難しさを生じさせていた。DSM の導入によって，診断作業が可視化され，根拠に基づいた治療方針の決定が効率的になり，またどのような治療戦略が有効かという効果研究も洗練され，患者や家族，保険団体への説明責任（アカウンタビリティ）も果たせるようになってきている。一方，DSM-5 においては，多軸診断が採用しなかった。多面的見立てという点からみると議論のあるところであろう。

　このように洗練された診断マニュアルは，ある問題を先鋭化するようになった。それが，この本の大きな主張であるまなざしの移動に関することである。図 6-3 をみてほしい。

　診断によって人は，患者（病人）という扱いとなる。もちろん罹患した病の治療法が確立していれば，患者としての扱いを明確にして治療に専念したもらった方が，治療もスムーズに行き，患者の利益も大きいであろう。しかしながら，罹患した病の経過が慢性的であり，治療の効果が限定的である場合，患者というまなざしのみでは不充分である。そればかりか，患者という扱いによってその人の生活自体が偏ったものとなり，新たな問題が生じることにもなりかねない。患者として扱うのではなく，普通に生活する生活者としての人として扱う必要がある。人としてかかわるならば，その人が病と向き合う中で見出す大切な価値についても，まなざしを向けることが意義あることもある。これは人中心のまなざしである。

　たとえば，認知症を持つ人は，患者であり生活者であり尊厳を持った人である。この３つが同時に存在すること，そしてそのことを深く認識していかなければ，人は容易に患者として扱ってしまうことになりかねない（第２章参照）。

　発達障害も同じである。発達障害という診断がつくことによって，「発達上の特性がある存在⇒特性は本人にはどうしようもない⇒特性に対して何か社会が取り組まなければならない⇒社会が特別扱いする自分を肯定しがたい」といったジレンマが生じやすい。生活をその人のペースで営むことが大切であり，その人の大切に感じていることが充分に重んじられることが求められている。

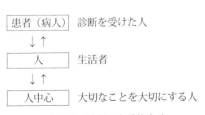

図 6-3　診断の多重的意味

　これらのことは，保健医療，福祉そして教育分野，その他のすべての分野で，尊重されているであろう。しかし診断という行為が持つ切れ味と，次々に「発見」される生物学的な知見によって，私たちはいつのまにか，認知症や発達障害は，改善すべき対象と考え，何らかの訓練や努力を当事者にさせようとする。そのような世間からのまなざしに，そしてクライエント自らの内から生じるクライエント自身へのまなざしに対して，サイコセラピストは自覚的である必要がある。

　エビデンスの圧力は常に働くことは歴史が雄弁に語っている。そのような時代において，セラピストの位置取りとして適切なのは，エビデンスとの正しい距離感であろう。診断の重要性を正確に認識する一方で，それ以外の生活者としてのまなざしや人中心としてのまなざしもあることを常に意識することが重要である。それらが同時に存在しているという統合的視点を持つことで，初めてエビデンスの真の価値が発揮されると言えるのではないだろうか。これこそが，エビデンス重視の時代における臨床の醍醐味でもあろう。

　エビデンスはコミュニティにもダイレクトな影響を及ぼす。コミュニティの持つ先人の経験を深く理解し活かしていこうという自律的営みが，エビデンスによってささえられるのであればよいが，逆にエビデンスによってコミュニティの持つ自律的な営みが分断される場合もある。Gさんの悩みは，まさに地域コミュニティが本来的に大切にしたいと考えた価値とエビデンスによる効率重視の考え方との引き裂かれたところに生じていた。そう考えるのであれば，Gさんの悩みはこの地域コミュニティで生きる上では正常な反応ということもできる。セラピストはその悩みの必然性をGさんとしっかりと共有することが重要であるし，その中でいろんな生き方（選択）があってよいこともまた，Gさんと共有したいところである。

7.「障害」と「効率性」をめぐる評価の統合的展開

　1980年に作成された障害概念（ICIDH［国際障害分類］）は，図6-4のようなものであった。ところがこの障害概念は，疾病との関係があいまいであった。どこまでが疾病で，つまり医療が担う範囲で，どこからが「障害」として扱い福祉が担うのかが，はっきりしなかった。その結果，慢性的な経過をたどる精神疾患について，実は「障害」としても扱い福祉の対象とすべき段階においても，医療が入院という形で「治療」することを社会が求めてしまった。

　それらの影響もあり，入院が続いた人々の地域で生活する力をますます低下させてしまい，長期入院のままで留まらざるを得ない社会的入院患者が多数存在する事態となった。この状況に対して国連関係の団体による勧告が何度も行われ，

度重なる制度改定もなされているが，現在の現状を根本的に変えるには至っていない（元永，2020）。

2000年に出されたICFは上記概念を変更し，疾病（健康）と「障害」は同時に存在することを明確にした。そして，旧「障害」の3概念を，function, activity, participationというポジティブな言葉で整理するとともに，個人要因と環境要因によって，その状態は大きく影響を受けることを明記した（図6-5）。

人の状態について，「障害」に着目するのではなく，「機能」や「能力」に焦点を当てている。この考え方は，「障害」へのまなざしから，「機能」「能力」といった持っている力へのまなざしの移動ということもできる。このまなざしの移動は，これらは何に重きをおくかということに関する大原則の変更が，ICFによってなされたことを示している。このICFの概念を，p3モデルとの関係で整理してみると，図6-6のようになる。

評価対象者・人・人中心というまなざしにおいて，心身機能や構造はどちらかというと科学的評価の対象となるので評価対象者のまなざしに近い。一方，活動や参加はもちろん評価対象者ともなり得るが，言葉や数値では表しきれない生活を営む人としてみるまなざしがある。またより深い心情に根差した大切な価値が，

$$Impairment \rightarrow disability \rightarrow handicap$$
機能障害　　　能力障害　　社会的不利

図6-4　旧「障害」概念

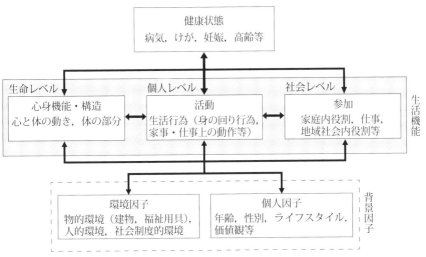

図6-5　ICF（国際生活機能分類）の概要

参加するという行為には含まれていることも指摘できる。そしてそのような人や人中心のまなざしは，きわめて個人的な要因によるものであろうし，コミュニティといった環境的な要因とも関連するであろう。

　このように整理すると，ｐ３モデルは，ICF の概念と関連して理解できることがわかる。ICIDH の障害概念では，どの程度障害があるかか重視されそれは評価対象者としてのまなざしが優位であったのだが，ICF では生活する人に重きを置いており，人中心のまなざしを大切にするｐ３モデルに親和性がある。ただし，福祉的支援では生活する人に重きを置くのに対して，サイコセラピーでは人中心のまなざしをより意識するという違いがあると考えることができよう。

　もちろん，目に見える変化を徹底して意識することが，多様性の保障にもつながることがある。福祉分野での数量化される評価がめざすことはまさにこの点である。福祉分野での評価手法については，実践家が自ら参加しながら評価していくなど，単に評価対象者としてのまなざしにとどまらない方法も提案されている（大島，2019）。

　福祉分野と同じく健康科学の分野でも，多様性の尊重と一方で数量化を通じた評価方法の進歩が起きている。特に精神的健康に関しては，健康科学の中でも特に多様性が重視されるべき分野であろう。しかし，評価対象者となって物差しが固定化しないでいることが難しい傾向にある。多様性を認め，その人固有の生活リズムの中でいろいろなことが大切にされること，さまざまな価値観や心情，情念が重視されることに，どう重きをおくかが重要となっている。そのためのサイコセラピーの役割はますます重要となる。

　生物－心理－社会モデルは多様性を重視した考え方であったが，このモデルが固定的に運用されることによって，かえって固定的に評価される人のまなざしを偏重する考え方になりがちであることに，警鐘を鳴らすべきである。効率性や生産性が重視される価値観の中で，固定的な評価対象者としてみるまなざしが強化され独り歩きを始める危険性に留意したい。

　市民社会の形成において，効率性や生産性向上は重要な価値であると思う。こ

図 6-6　ICF 概念とｐ３モデル

の効率性重視の技術革新により文明は進歩し，富が多くの人に共有されるようになった。そして市民が力を持ち，不合理な価値観から解放され平等な社会を作ることが可能となった。しかし私たちは一方で次のことに気づいている。それは，この効率性重視によって，効率を悪くする「病気」が問題にされ，その結果としてその病の深刻度が深まることがあることを。そして「障害」が生まれることにもなり得る。私たちのこういったラベル付けによって「障害」は区別され，それ以外の人々の中で効率性が重視され，市民が自由を獲得し利益を得て，市民社会の形成が展開したとも言えるのかもしれない。

　効率性重視の産業革命によって，世界の価値が変化したと同時に苦悩も生まれた（ハラリ，2016）。極端な言い方をすれば，効率性重視の中での際立って目立つ「障害者」が発見されることになった。社会的な自然淘汰や優生思想という考え方の背景には，効率性重視の考え方が根強くあることを，私たち心理専門職は見逃してはならない。

　健康科学 health sciences や対人サービス human services の分野では，本人をラベル化してわかりやすく分類することや，効率的支援を追求し洗練させること，本人の自律性を過小評価し画一的サービスに枠付けること，といった効率性重視の動きが生まれやすい。これらの考え方が重視される歴史が繰り返されることとなる。そしてそのことが，本人の人生に決定的な痕跡を残すことにもなりかねない。本人を評価する物差しが固定し，支援が徐々に効率重視の方向に進み，こうすればこうなるという支援の物語が作られる。そしてその物語に私たちはしばられることになる。

　そのような支援はわかりやすくもあるが，その結果として偏見や，施設への依存を生み出す"施設病"，薬による効果を多様な薬のカクテルで追及する結果としての多剤使用，薬を用いて過剰に行動を制限する薬物的拘束，すべての現象を遺伝子を中心とした生物学的知見で説明しようとする生物主義などの現象が生じていないだろうか。

　私たちはこのことに自覚的である必要がある。繰り返しになるがこの効率性重視こそが重大な社会的障壁となる。私たちはその社会的障壁の影響を減じる手立てを工夫しつつ，自分の生き方を自分のペースで見出し，自らの生を生きるという営みに寄り添いたい。そのための柔軟性を有した基本的まなざしを見失わないためにp3モデルは有効である。私たちはまなざしの柔軟な移動の意義について，充分に理解を深めなければならない。

8．未来を語ること

　何に重きをおくかを考える際に，クライエントのこれからどうなるかという不安を扱うことも重要である。このような未来への不安は，未来を予測しそれにそなえ，自分の生を自分で歩みたいという願いが背後にある訳であるが，クライエントの取り越し苦労としてセラピストに認識されることもあるので，取り扱いが難しいところがある。

　たとえば認知症の人の悩みの一つは，これから自分がどうなるかということの場合がある。いろんなことができなくなるという喪失の悩みは今現在の悩みであるが，当然これからの自分の行く末が悩みとなる場合もあろう。これは，他の生物にはない人類だけが有することができる悩み方ということもできよう。

　ある関節リウマチを持つ人の悩みは，これから自分の人生はどうなるかということであった。結婚して子どもを産み育てていきたいという希望を持っている20代の女性にとって，関節リウマチの病が，どのような影響を自分の人生に与えるかは，想像できないことであろう。

　確かに，未来を予測する上で医学は非常に強力である。疾病の予後について世界的にエビデンスの蓄積がなされている。しかしその疾病がその人の人生にどのような影響を及ぼすことになるかについては，個別性が大きい。本人の人生の選択もさまざまである。慢性の経過をたどる疾病であれば，ますます医学の知見では不充分であることがふえるであろう。

　受験生にとっては，大学に合格することが最も重要なテーマである。合格するかどうか未来を予想する上で最も強力な学問は，統計学である。模擬試験の結果をもとに確率によって合格の可能性を推測できる。加えて，予備校の担任や高校の指導担当の教員の見立てであろう。しかし，そのようなデータや他者の評価を受けながらも，自分の生をどう歩んでいくかについて，本人は考え日々の生活を送ることになる。そのための心理学的な支援が必要な場合もある。また，自分の性格や家族との葛藤などは，大学入学後も続く悩みとして認識されることもあり，大学に入学しても将来に希望が持てないという悩みとなり得る。そこをしっかりと扱うことが求められよう。

　つまり，サイコセラピーは，いまここでの悩みを扱うのであるが，同時に未来に関する悩みも扱うことでもある。この点について，発達に特性があると考えられるクライエントへの支援についてふれる必要があろう。発達に関する悩みは，発達に凸凹があるのではという悩みであると同時に，この先どうなってしまうのかという悩みや不安でもある。

　教室で落ち着かない，クラスメイトとのトラブルが多いと指摘された小学校低学年男子の母親は，いまどうすればよいかということでも悩むが，この子のこれからがどうなるのか，小学校高学年になった時に問題が生じないか，中学校に入学した時にうまくやっていけるか，といった将来への不安も当然持つ。「発達特性」という言葉は，未来にわたっての影響についても，ロングテイルに指摘をする概念である。そのことは，家族を不安にもさせるが，家族もそして学校関係者も，そしてセラピストも，時間をかけて継続して本人の成長をみていきましょうという切れ目ない支援への宣言でもあることにも気づいておきたい。

　このように考えると，サイコセラピストは，いまここの悩みを解消することを目指すことはもちろんであるが，時には未来に対する不安の中の正当なものを見出し，どう悩んでいけばよいかその悩み方を共に考えるという役割も持つであろう。しばらく寄り添って経過をみる中で未来への見通しが少しずつ見えてくることもある。誰にもわからない未来の展開を，わからないと言えること，そしてわからないけれど注意深く観察し考えていく姿勢を持つこと，そして少しでも良い方向に展開する機会を見逃さないことが，セラピストに求められる姿勢であろう。

　未来を語り考える上で，過去を語り振り返ることが重要な場合もある。過去から繰り返されてきたパターンや考え方の傾向が，未来においても同じように繰り返されることもあるからである。過去を振り返る場合，必要によっては，クライエントが生まれる前の家族のストーリーにまで視野を広げる場合もある。このような過去を包括的に振り返る営みは，サイコセラピーが最も得意とするところである。

　過去のストーリーを読み，いまここでのストーリーを感じ，未来のストーリーを共有する。その中で，何を大切にしていくか，自分が自らの生をどう歩んでいくかが少しずつみえてくる，そのようなクライエントの現実への向き合い方について，サイコセラピーや心理支援は重要な役割を担えるであろう。

9. 何に重きをおくか──発展的考察

　重きをおくプロセスは，クライエントへの心理支援を終える営みに密接に関係する。それは，クライエントが自らの生を自ら歩むように，面接の場で何ができて何ができないかを見極めることでもある。そのような営みは，実はどの種類のサイコセラピーでもすでに行ってきたことであろう。その営みは多様であるのだが，この章では，主訴に戻ること，リソースを発見すること，疾病そして障害という概念との関係を考えること，コミュニティに託すこと，評価の仕方を評価して洗練させること，自らの成長する力をみつめること，そして，それらも含めてさまざまなまなざしでながめ，それをクライエントの自律的営みにつなげていく

ことなどを取り上げた。

　疾病と障害という考え方は，評価対象者としてのまなざしであるが，どのような支援が必要かについての膨大な知見の蓄積がそこにはあり大いに役立つものでもある。一方で，医療や福祉の表面的な分類が行われることによる弊害にもふれた。近年，医学や福祉は，その発展においてエビデンスを重視する方向に進んでいる。エビデンス蓄積の方法の多くが，評価対象者を分類する基準を設ける技術を洗練させてきた。そのため，評価対象者としてのまなざしを強化する営みが，エビデンスに基づく考え方とみなされる状況がある。

　心理支援は，評価対象者としてみるまなざしの大切さをふまえながらも，他のまなざしに移動することも重要視している。そのために，充分な理論と経験，そして技術を蓄積してきた。それらのまなざしの柔軟な展開について考察を続けている心理支援の営みは，対人サービスにおいてその真価を発揮するべきと考える。

　もう少し論を進めたい。すでに繰り返し言及しているように，たとえ評価対象者のまなざしから他のまなざし，たとえば人中心の深い心情に焦点をあてたまなざしに移動したとしても，その深い心情が言葉によってあらわされ語り継がれる中で，それ自体が，評価対象者のまなざしになってしまうという現象が起きる。わかりやすく言うならば，その深い心情を持っている人と持っていない人を分けるという評価のまなざしである。

　つまり，重きをおくことは，まなざしを向けて見出した結果，つまり深い心情であると同時に，その深い心情にいたるための方法（プロセス）を充分に味わうこと，と言えないだろうか。得られた結果よりも得るための方法，学んだ内容よりも学び方，歩んだ結果よりも歩み方，セラピーで得たことよりもそれを得るためのセラピーでの営み，そこに重きをおくことが，クライエントが自らの生の歩み方を見出すことにつながるとも思う。そしてそれは，私たちが，サイコセラピーを行った結果を先人から学んだのではなく，サイコセラピーという方法を自分の方法として身につけるということと同じことであることに気づく。そしてこの営みこそ，統合的な営みの本質の一つと考える。

　　　文　　　　献

ディヤング，P. & バーグ，I. K.（2016）解決のための面接技法（第4版）. 金剛出版.
ドラッカー，P. F.（2001）マネジメント―基本と原則. ダイヤモンド社.
ハラリ，Y. N.（2016）サピエンス全史（上・下）―文明の構造と人類の幸福. 河出書房新社.
元永拓郎編（2020）関係行政論　第2版（公認心理師の基礎と実践　第23巻）. 遠見書房.
大島巌・源由理子・山野則子（2019）実践家参画型エンパワメント評価の理論と方法. 日本評論社.
ロッシ，H. P.，フリーマン，E. H. & リプセイ，W. M.（2005）プログラム評価の理論と方法―システマティックな対人サービス・政策評価の実践ガイド. 日本評論社.

第Ⅱ部　サイコセラピーは交配する

ダイアローグ──3人のセラピスト

1．パーソンセンタードをめぐって

「ここまでの話を聞いて，どんな感想？」

この3名からは率直に話が聞けると私は予想していた。

「ダンゴの串刺しではないことがよくわかりました」

「私たちのやっていることって，なかなか表現がしたいけれど，ダンゴが3つあるというのは，一つの説明の仕方ですね」

「そのダンゴ，いや"まなざしの移動"ですよね，それをサイコセラピーの中でやっているというのも，そうだよな，という感じです」

「その"まなざしの移動"に，いろんなサイコセラピー理論が位置付けられるというのも，なるほどという感じがしました」

次々と感想が語られたが，まずはポジティブフィードバックからということは予想していた。

「これって，先生が一から考えたんですか？」

「いやいや，これまで教えてもらったことややってきたことを自分なりに整理して言葉にしたにすぎないという感じなんだよね。本文にも書いたけれど，パーソンセンタード（人中心）というのは，認知症の人にどのようなまなざしを向けるかという世界的な考え方の改革の中で出てきたものを参考にしたし」

「パーソンセンタードという言葉自体は，ロジャーズが作ったものですよね」

「そう，ロジャーズの言葉や理念を，認知症の人への好ましいかかわりについて検討していたキットウッドという人が，その人にとって一番大切な価値や世界を大切にする姿勢，という意味で用いたんだ。私はその歴史を考えながら，このパーソンセンタードは，認知症に限らず，心理支援そして対人サービスすべてに関連する考え方だと思い，採用したのだけれど，どうだろうね」

「対等であることやわかりやすさなども大事にしていますよね」

「ということは，この本に書いてあることは，広い意味ではロジャーズの考え方に基づいているということですか？」

少しずつ鋭いつっこみが出てきた。

「そのあたりどう感じる？　自分自身では，ロジャーズの来談者中心療法はもちろん大事だと思っているけれど，それ以外の理論も取り入れながら統合的に展開して，そしてコミュニティとのかかわりまでふれていくところは，ロジャーズも大事にしているけれど，そこだけに基づいて論を展開しているという自覚はないんだよね」

「ロジャーズは，来談者中心療法からエンカウンターグループに関心を映して，コミュニティへの介入に力を入れていますね」

「そのあたりは，サイコセラピーとコミュニティとの関係を考える上で，さまざまなこ

とを教えてくれる歴史的な事実と感じています。そもそもロジャーズは牧師になりたいと若い時は思っていて，そこに社会全体へのまなざしがあるのだよね。コミュニティへの彼のあのような歩みは，とてもロジャーズらしいと思うし，彼にとっての統合的な営みだろうね」

「パーソンセンタードという考え方は，ロジャーズはエンカウンターグループの中でそれを追求したのだけれど，認知症の人へのまなざしの中で再び用いられたというのも印象的ですね」

「そのようなまなざしの転換が必要だということに，人類が気づいたのだよね。認知症に対する考え方って，これまでさまざまな人が多くのことを言ってきたと思うのだけれど，その中で，"パーソンセンタード"という言葉が生き残り，それが理論的な支柱になっているという事実は，私たちは永遠に忘れてはならないと思う」

「パーソンセンタードの考えの中で，共感が重要と思うけれど，その点はどう考えますか？」

「共感という現象は，まなざしのどの段階でも起きるのだよね。またすでにふれた通り，日常生活のどの局面でも誰との間でも起こり得る」

「そうですよね」

「だけれども，サイコセラピーにおける共感とはどのような営みかと考えた時に，私の整理の仕方としては，まなざしの移動，そして"深まる""理解する"という営みを促進する"共感"となっているだろうかという問い（自己点検）が必要と感じているというところかな」

「自己点検のある共感と自己点検のない共感という違いがあるというのは，臨床の中で私たちがずっと行っていることですよね」

「このあたりは，どのサイコセラピー理論も大事にしていると思う。自己点検という営みは，ロジャーズで言うと自己一致という営みにも含まれてくるけれど，ジェンドリンのフォーカシングでは，フェルトセンスという自分の感じへの気づきであるし」

「リフレクション，内省など，スーパービジョンでも重視されるところですね」

「変な言い方だけれど，共感という方法，つまり共感という本来人間が意図的にコントロールできない感情の営みを，方法として用いるという，矛盾したことを行うやり方を，我々サイコセラピストは用いているのだよね。それはある意味，一生をかけて身につけていくべき営みとも感じたりします」

2．精神分析をめぐって

「精神分析については，"わかる""理解する"という営みのところでふれられていますね。これは，やはり土居健郎先生の"わかる""わからない"の考え方を受けているのですか？」

よく学んでいて鋭い。

「精神分析って，フロイトの思索も幅広いし，その後の歴史的な積み上げも膨大なものだから，いろんなアプローチが考えられると思う。私が臨床とのかかわりで最初に大きな影響を受けたのは，土居健郎先生の『方法としての面接』だったので，そこに出てく

る "わかる" の話は，やはり大きな影響を自分に与えていると思う」

「"腑に落ちる" の話も，その本に出てきますね」

「そう，"わかる" も "腑に落ちる" も，意識と無意識との関係をめぐる話だよね。深い意味で "理解する" 営みを考えた時，人類は，無意識の存在やその影響を考えざるを得なくなった。その歴史的な到達点は重要で，精神分析は，人類史上大きな功績を残したのだと思う」

「"わかる" という言葉の意味を深めることが土居先生ができたのも，フロイトの営みがあったからこそですよね」

「さっき共感ということが話題となったけれど，共感できないこと，わからないことを率直にクライエントと共有しながら，そのわからなさを通して，クライエントの普段置かれている状況に近づくということも大切なことだよね」

「共感できないのは，クライエントの無意識の作用だったり，転移だったり，セラピスト側の逆転移だったり」

「いまここで起きていること，すべてを大切にして，連想を広げていく，そのダイナミックさが，わからないことをめぐってもありますね」

「ところで，この本の冒頭でもあったのですが，フロイト自身が，統合的営みをした人と，先生は言っていますよね。ちょっと衝撃でした」

「精神分析って，統合的という考え方と程遠いイメージがありますよね」

　わくわくする問いである。私は思わず前のめりになって説明する。

「その点がおもしろいところで，フロイトが何を見たかを求める人と，フロイトが何を見ようとしていたかを追い求める人とがいるのだよね。前者は，フロイトが見たもの，つまり結論づけた世界を，正確に理解しようとする。そこには必ず，自分こそが正当な後継者だという跡目争いが起きるよね」

「フロイトに戻れ，っていうことって何度も起きてますよね」

　精神分析の歴史では，時々フロイトの言ったことを正確に受け継いだのは誰か，という議論が，定期的に発生するように，私には感じられる。

「後者は，フロイトが何を見ようとしていたか，そこに関心のある人は，フロイトが求め続けたその思索方法やその姿勢に刺激を受け，自分自身の求め続ける姿勢を大切にするのではないかな」

「土居先生は？」

「私は後者であったと思っている。精神分析の考えを自分のものにする段階で，どうしても日本語と心との関係，日本語と無意識との関係について避けて通ることはできないのだけれど，土居先生は，その営みの中で，"わかる" とか "腑に落ちる" といった，日本語の無意識的要素に着目したとも言えるんじゃないかな」

「"甘え理論" もそうですよね」

「その通り」

「この本では，治療構造論にもふれていますが，これも精神分析由来ですよね」

「これは，フロイトの思索から，エクスタインという人が，スピンアウト的に着目した考え方なのだけれど（熊倉，2002），それを日本において小此木啓吾先生が注目した

のだよね（岩崎，1990）。まなざしの移動という話の中では，重要な考え方と思うので，この本でも注目しています」

「どうして重要となるのですか？」

「まなざしの移動って，何げなく行われているものでもあるけれど，とてもエネルギーのいる革命的な営みとなる場合もあるのだよね。だって目の前にいる人の性質が変わるわけだから。たとえば，病気になっている患者さんが，実は社会で成功している有名人という"生活"が見えてくる展開って，大きな変更だよね。でも，ここは病院という枠組みがあれば，患者さんであることが重要で，その人がどのような生活を普段してようが，どのような心情を持っていようが関係なく，安定して医療を提供できる。同じように，面接室という枠があることで，その中では，まなざしは自由に移動するけれど，最終的にはクライエントとして契約している関係ですよ，という構造があることで，クライエントも安心してさまざまなことを語ることができる。このような"治療構造"の性質を発見した意義は大きいと思う」

「日本人って，あいまいな関係に持ち込むことが大きいから，その重要性が特に光るのかもしれないですね」

「その通り，小此木先生がそこに着目して，日本のサイコセラピストに喝(かつ)を入れた，とも言えるかもしれないね。私たち専門家は，プロフェッショナリズムとしてその重みをずっと忘れてはならないんだよ」

3．認知行動療法をめぐって

「認知行動療法については，"つながる"という営みとの関連で説明していますね」

「考えてみれば，認知とか行動というのは，人の営みすべてに表れているので，すべての営みは，認知症法とか行動療法と表現することができるのだよね」

少し挑発的な投げかけをしてみた。

「そうですか？」

「たとえば，初めてあった人に相談をする"相談行動"を強化することが，その人の抑うつ症状改善に効果があるというエビデンスが得られれば，"相談行動"を段階的に増やすアプローチが有効ということになる。来談者中心療法は，"相談行動"を強化する有効な方法，という見方もできる」

「どのサイコセラピーにも行動はあるわけで，その意味ではどのサイコセラピーも，行動を扱うサイコセラピー，すなわち行動療法といえるかもしれないということですか？」

「ここがネーミングのおもしろいことで，行動療法，認知療法と名前を付けたことで，これらのサイコセラピー理論は，統合的展開をする性質がプログラム化されたと考えることもできる。たとえそれが誤解であったとしても」

「認知行動療法という風に，2つが統合するという流れにもなっていますね」

「ある意味，このネーミングのゆえの必然的展開という気もするね」

「でも行動療法も認知療法も，行動や認知を扱えばそうだという訳ではなく，エビデンスに基づいたしっかりとした理論や手順がありますよね」

「そう，気分・感情，行動，認知（自動思考），身体反応と，反応を4分類で整理して，

状況と反応との関係を整理していきますね」

「いい質問だ。状況と反応（行動や認知など）の相互作用についての心理的メカニズムの仮説が立てられ，好ましい介入計画が仮説として立てられ，実行して修正という流れが示されているね。心理的メカニズムや介入計画は，ようするにこのようにやってみてごらん，このようにやってみたらよいよっていうことを，介入実績の積み重ねからわかりやすく整理して，再現して実行しながら，その時起きている心の中の動きを，定義した行動や認知の概念を用いてわかりやすく説明していくということだね。多くの場合，図や言葉，そして見様見真似からなっているね」

「バンデューラはモデリングと言っていますね」

「そう，モデリングという概念は私も好きで，モデリングという営みって，生きていく上で広範囲にわたって行われていると思う。その一部を，モデリングとして私たちは切り取って，それこそなかなか見様見真似で自然と身につけられないところを，学問や言葉を使ってがんばって学習するのだよね」

「サイコセラピーの学びもそんなところがありますね」

「その通り，陪席に入っていつの間にか，先生のやり方が座り方や口癖まで似てしまうこともあるよね。一方で，なかなか自分の癖で，変えたいけれど変えられないところもあったりして，そこを何とかしようとして，学問の力を借りて訓練を受けて修正していこうとするのだよね」

「先生もふれていたけれど，認知行動療法って，パワーポイントによる図とかで説明されることが多いですよね」

畳みかけて話をしたくなる指摘である。

「そう，心の中のある現象を，言葉にしたり，図で視覚的に示したりして，それを使って，繰り返し説明し再現していくのだよね。そうすると，ほかの人がそうだったように，自分の心や身体にも変化が起きてくる。その変化をスケーリングなどで，しっかりと把握していく」

「それと"つながる"営みとの関係は？」

「ここでのポイントは，ある心の中の現象を，それは，もともとは言葉にならないし目にも見えないものなのだけれど，概念としての言葉とつなげていくのだよね。それを"自動思考"とか"スキーマ"とかいったりする。『何か』と言葉をつなげる作業を見出し，その中で多くの人にやってもらえそうなつながりを，試してみて，無作為比較研究をしてみて，結果がよいものを，同じように繰り返し使ってみるということだね」

「だから，"つながる"という営みに着目したということですね」

「実際にサイコセラピーの中で，言葉と心の中の『何か』がうまくつながらないってことになれば，認知行動療法の技法からは成果はでないのではないかな」

「あーそうか，ここでいうつながりとは，人と人との情緒的なつながりというより，心の中の『何か』と，言葉や行動といった観察可能なものとが，しっかりと連結したというイメージですね」

「そう，人と人との情緒的なつながりに関しては，まなざしの移動や移動を促進するアプローチ，そしてまなざしの移動によって体験されている実感の世界というところで，

説明してきたからね」

　同じつながりであっても，関係性を言っているのか，言葉があてはめられるというラベリングのことなのか，少し混乱しやすい点であろう。

　「心の動きに心理学的な概念をあてがって，時には刻印するようにして，心の動きをわかりやすく扱っていく，変化のメカニズムも表現していく，そんなかんじですよね」

　「"マインドフルネス"とかはどう思います？」

　「ある体験，それはヨガとか気功とかで営まれてきた，自分の頭の中で考えることを止めて，ただそこにいることのみに身を置く営みに，マインドフルネスという言葉を与え，手順書を作ったということがすばらしいね。私は気功は以前少しやっていて，今でも気功的な体験を楽しむ瞬間はあるのだけれど，そのような体験を"マインドフル"という言葉とつなげるそのセンスは，上手だなとも思う」

　「日本では，瞑想とかで大切にするのは，"無"だと聞いたことがあるけれど，それが，"マインドフル"だから，ある意味真逆のことですよね」

　楽しい質問だ。

　「おもしろいね。"無"ということは，"つながり"をすべて捨てていく営みなのだけれど，余計な"つながり"がなくなることで，実は本当に必要な感じが豊かに感じられていくということかな。"マインドフル"って，自分の心が豊かになっていくイメージだからね。そのような発想が，マインドフルネスとして表現されて，認知行動療法とつながったという点がおもしろいところだ」

4．家族療法をめぐって

　「統合的営みとしてチームを作ることに注目して，そこで家族療法との関係にも触れています」

　「家族をみるというまなざしは，どの段階にも表れるものだと思うし，その意味で，チームというところでふれるのは，やや遅いかなとも思うのだけれど，小集団内の相互作用とかシステムをみるとか，そのような営みにおいて家族療法は大きな貢献をしているので，このような展開となりました」

　弁解を思わずしてしまった。

　「家族療法自体が，家族を扱うという点では一つに分類されるけれど，その考え方はさまざまですよね」

　「そう，行動を扱うから行動療法，認知を扱うから認知療法といったネーミングによって生じる統合的展開，そして混乱もあるかな，それと似たようなことが家族療法にもあるのかもしれない」

　「個人をみる，家族をみる，さまざまなレベルでのシステムをみる，という意味では，サイコセラピーの統合的展開に，家族療法は重要な役割をしているようにも思いますが？」

　「そう，ここは大事なところで，クライエントを個人としてみると同時に，家族の一員としてみる，そして父系文化と母系文化がぶつかり合ったその境界上にいるとしてみるなど，まなざしを変えていくことで，クライエントの理解がぐっと深まって，セラピー

が展開することもあるよね。そしてその文化のぶつかり合いが，日常生活の場で毎日起きているという認識も重要です」

　家族としてみるというまなざしの移動については，またどこかで論じたほうがよいなとも感じた。

　「家族システムにまなざしをむけるということはわかるけれど，家族療法には，ジョイニングとかリフレーミングとかその実践の中で生み出された技法もありますよね」

　「ジョイニングは，"深まる"営みに近いし，リフレーミングは"理解する"営みとも言えるし"つながり"の営みとも言える。きれいに分類できないさまざまな性質を持っているというのが，家族療法が持つ統合的な性質であるとも言えるかもしれない」

　「家族とちがってチームでは，目的によって作られたり解散したりしますね。家族は目的があろうとなかろうと，オンギャーと生まれた赤ちゃんにとってはすでにそこにあるものだし，自分の存在の証となる存在でもある」

　チームと家族との違いもおもしろいテーマである。

　「その目的性が，チームの柔軟性も引き出すし，もろさも持つことにつながるね。チームを構成するメンバーの意識やスキル，そして熱意がやはり重要となる。それに，サイコセラピーにおいては，心の中にある家族像，人と人とのつながりも丁寧に扱うことになる。内的世界におけるチーム作りも大切な営みになることもあるのだよね」

　「転移なども関係しますか？」

　「よい質問だ。転移はフロイトの発見した重要な現象で臨床実践でも役立つことも多いけれど，この本では少ししかふれていない。でも内的チームというまなざしで，転移について位置付けてみることは意義深いように思うね。転移という現象を通して，その人が作る内的チームの作り方を理解する営みは，サイコセラピーならではのものではないだろうか」

　「チームを作ること自体は，現実での作業だけれど，同時に内的チームがどう作られていくかをみていくことは，サイコセラピーだからこそできることですね」

　「そう，そして，その営みは，統合的なものなのだよね」

　「集団療法も，グループダイナミクスも扱うけれど，内的な変化も扱いますね」

　「内的な変化と集団の変化の両方を扱っていくことが，心理専門職が行う集団療法の特徴とも言えるね。集団を扱う職種は多数あるけれど，サイコセラピストの集団へのまなざしについても，統合的営みが行われる重要な舞台となるね」

5．どこに重きをおくか

　「第6章は，どのサイコセラピー理論との関係があるかという説明はなかったです。新しいものと考えてよいのですか？」

　「いやいや，どのサイコセラピー理論でもふれているような，サイコセラピーにおいて必ず考えているような内容なのだよね」

　「確かに，面接の終わり方とか，コミュニティとの関係とか，医療や福祉との連携とか，サイコセラピーの実践の中で考えることや扱うことは多いですよね」

　「サイコセラピーが，どのようにその役割を終えるのかというのは非常に重要で，そこ

にはさまざまなやり方があってよいと思うのだけれど，やはり，クライエント自身が自分でやっていける感覚を育んでいくことは，どのサイコセラピーも大切にしていると思う。その自分でやっていけるなという感覚を，自律性と呼んでもよいのだけれど，その自律性をエンパワメントしていくことを，"どこに重きをおくか"と表現したということもできるかな」

　このようなダイアローグは，いろんなことを明確にしてくれる。

「その重きをおくと言うのは，自分の中の確信やアイデンティティのようなものなのですか？」

「そのような確信を重視するサイコセラピー理論もあるね。それも重要とも思うけれど，もっと流動的な，自分でやっていける感覚や当面の主訴を解決する力があるとか，解決していなくてもその悩みとともにいることで自分はよいのだという姿勢が重要な場合もあるね」

「つまり，サイコセラピーのゴール設定のようなものですか？」

「ゴールという表現も近いようにも思うけれど，役割とか，何に託すかという営みの場合もあるだろうし，できないことを確認し合ってその先でできることがないか探すことという場合もあるだろうね」

「ゴール設定というと，主訴をどう把握するかということにもつながりますね」

「そう，主訴というのは多様で，いろんなレベルがあるし，本人が気づいていないこともある。図3-5に示した通りだ。そしてクライエントとの相互作用の中で主訴を把握する作業は，そのままサイコセラピーとしては何をゴールとするか，またどうチームを作っていくか，当面何をしていくか，とも関係していく。その意味では，サイコセラピーとして行っていることをすべて丁寧におさらいしていく営みということもできるね」

「本の中ではそれを，評価を再評価する，としてふれていますね」

　ポイントをよくわかってくれている。

「サイコセラピーで経験したことがよかったな，と思ってもらうことは重要だけれど，サイコセラピーの中の何がよかったのかを改めてふり返ってもらい，それを言葉にしてもらえば，セラピストがいなくても，そのよかったことをヒントにして対処すれば，よい効果が期待できる。たとえば，コメントなして聴いてくれたことがよかったということであれば，そのように聞いてくれる人を見つけるためにはどうすればよいかということを話し合える。そして，自分が誰かの悩みをコメントなしに心を込めて聞くことができれば，その人が聞いてくれる人となるかもしれないというアイデアが浮かぶこともある」

「よかったこと探し，という意味では，解決志向型アプローチにも近いですか？」

「その考え方は入っているね。うまくいったこと，例外探しは，クライエントの自律性を刺激する効果的なアプローチだからね」

「大事な点は，例外がみつかったというその発見物だけでなく，例外を探すというやり方を，一緒に体験したという点ですよね」

「そう，方法が大事なのだよね。やり方がわかれば，それを日常の中で自らやっていけるからね」

6．少し先回りをして

「これから，どのような話になるか，少しだけでもよいので教えてください」

「どんな風な話になると思う？」

どう予想するか興味深いところだ。

「べたに，まなざしが移動して，深まって，理解して，つながって，重きをおいて，という話だったりして」

「それだと，ダンゴ串刺しの図との関係がわからないよ」

「だから，ダンゴ串刺しではないんだけれど……」

「そうでした」

ダンゴ串刺し論は，なかなかしぶとい。

「３つのまなざしが基盤となる考え方なので，それはしっかりと示そうと思うのだよね。問題は，"深まる""わかる""つながる""チームを作る""重きをおく"の営みが，どのように位置づけられるかだよね。それを，すでに行っているサイコセラピーの営みに近い形で示すことができればと考えています」

「たぶん，"深まる""わかる"といった営みが，まなざしの移動を伴うという話のような気がする」

なかなか鋭い。

「そうそう，"深まる"時に，まなざしはどう移動しているかということを，素朴に示していこうと考えています。だからある意味，それは考えたことある，といった普段語られていることの範囲を超えないかもね」

「でも普段から語られていることを，まとめて示してもらえる機会ってそうないので，まとめて説明してほしい」

「そう言われると，がぜんやる気が出るなー。それから，それらのサイコセラピーの営みとコミュニティ支援との関係を，示そうと思っています」

「それです！　サイコセラピー理論とコミュニティ支援とは，別々に理論化されている感じがあって，心理専門職としても，それぞれ別なことを何とかつじつまを合わせてやっている，という感じになりやすかった。そのあたりが，お互いに影響し合って何かが生まれるように説明してもらえるとありがたいです」

「そうそう，国家資格の公認心理師では，そのあたりのコミュニティでの動き方についても期待されているようにも思うし……」

「それこそが，サイコセラピーが統合を希求して，コミュニティとも交流し，まさに交配して何かが生まれるということかな？」

「ぜひとも，続きをお願いします！」

　文　献

岩崎徹也・相田信男・乾吉佑ほか（1990）治療構造論．岩崎学術出版社．

熊倉伸宏（2002）精神療法における構造論的思考．臨床言語研究，1: 24-29.

第7章
統合的営みをとらえる
理－築　circulating

〈この章のまとめ〉
　これまでのサイコセラピーの6つの機能を，円環的モデルとして6サイクルモデルとして示した。このモデルは，サイコセラピーの多様な学派が強調している機能をつなげ，かかわりの流れを示したものである。実際には多様な展開がさまざまな形で生じるのであるが，そのサイコセラピーの機能を把握するためのモデルとなる。この章には，サイコセラピーの機能を理解するというところから「理」，そして包括的なモデルを形作るということで「築」の文字を与えたい。

1．コミュニティの発見

　私はもともと理学部で生物学を学んでいたのだが，知的障害者の通う通所の作業所にボランティアとしてかかわることをきっかけとして，精神保健学そして臨床心理学の道に入り込むことになった。今でも初めてその作業所を訪れた日のことを覚えている。ホッチキスを組み立てる作業をしていたメンバーが，私の顔を見てにこやかに「こんにちは」とあいさつしてくれた。しかし作業をする手は休めずにいて，働くことへの思いがあることを私は感じ取った。そして2回目に訪問した時は，「元永くん，こんにちは」と名前をすでに覚えてくれていて，にこにことして歓迎してくれた。

　その作業所に通うのは高校卒業後の大人であったが，夏の実習という期間があり，それは，中学校や高校に通う知的障害児たちが，夏休みを利用して，作業所で働く体験をする場であった。期間はその当時2週間で，私たち学生もその実習に密着した。参加して驚いたのは，作業所のメンバーが，中学生や高校生の先輩モデルとなって，作業を教えたり一緒にレクリエーションに取り組んだりしていた。もちろんメンバーは遅刻もほとんどなく働くこととはどういうことかを，後輩の中高生たちに態度で伝えていた。

　知的障害と言われる彼らから，本当に多くのことを私は学んだと思う。彼らから，生活者であることや，働くということの重みについて，その生きる営みが他の人の生に影響を与えること，住み慣れた地域で生きることの営みの意味を，一歩も二歩も踏み込んで考えるきっかけをもらった。そしてコミュニティで生きる

ということの意味，生活者としてのほこりとかつながりとか，そういった人をコアな部分でささえる価値が重要であることにも，鈍感な私も少しずつ気づくことになった。そしてそのような考え方は，彼らにとっても，私にとっても，コミュニティにおけるすべての人にとってもあてはまるということに，後々気づくこととなった。これらは，図7-1に示すように，障害者として向けるまなざしから，生活者，そしてほこりを持っている人としてみるまなざしへと移動する体験であった。

　考えるならば，障害者と出会った学生の私自身が，大学生という自らのまなざしがゆらぎ，人としてということと，より深い部分にある人中心のまなざしに気づくというゆさぶりを受けていたのだと思う（図7-2）。このようなゆさぶりは，考えてみればもっと人生の早い段階で受ける機会は何度でもあったであろうとも思う。しかし私にとっては，大学生の時の知的障害者と言われる彼らとの出会いが決定的であった。私の人生に影響を与えた。そしてそのインパクトに誘われ，生物学から健康科学（精神保健学）へと，自らが専門として学ぶ領域を変えることとなった。

　大学院で専攻した精神衛生学（当時の名称）において，精神的病を単に疾病としてみるのではなく，生活者としてみる必要があるという「事例性」概念にふれ（佐々木，1986），私の心のゆさぶりが学問の対象となっていることに感じ入った。そのような中で，私にとっての初めての臨床実践の対象が，大学受験生であった。予備校においてカウンセラーとして勤務することとなったのだ。受験生は，学業成績という物差しを通して，結果を出すことが求められる。しかし一方で，人の価値は多様でありさまざまな生き方があってよいという価値観を，クライエントの語りから私は知ることとなった。評価が単一化し先鋭化すればするほど，それは苦しい体験なのだが，多様なより深い価値観が心の奥底から湧き起ってくる。その人間としての性（さが）とエネルギーを受験生たちから感じた。そしてそのことは，私が大学受験時に感じていたことそのものであった。「いろんな受験の仕方があってよい」「いろんな生き方があってよい」，これらを大切にしていくこと

図7-1　障害者であって障害者でない　　　　図7-2　大学生であって大学生でない

が，受験カウンセリングの本質であるとも思う。

受験生であって受験生でない（図7-3）。人の価値は多義的であり，その多義性を対話によって活性化することが，受験生との心理面接の大きな役割である。受験生たちはこうあるべきというういわゆる同質圧力にさらされている場合が多いのであるが，その窮屈さゆえに，次への可能性のエネルギーを彼らの中に垣間見ることも多かった。受験生であるのだが，受験生ではない，その激しいゆれや迷いが受験生の悩みの中で語られることもあった。

私が心の支援の専門家を志し大学院に進学した当時，心の専門家に関する資格はあいまいな状態であった。そのことも影響してか，圧倒的な力を持つ医学，そして地道に実績を重ねる福祉学の狭間で，私のアイデンティティは定まらなかった。自分は何者なのかわからない不安を抱えた20代であった。

ちょうどその頃，1988年に臨床心理士という資格ができて，心の専門職としてのアイデンティティについて考える機会を得，その資格をとることとなった。しかしながら，アイデンティティに関する問いを自問し続けてきた私にとって，心の専門職としてのアイデンティティに対して，少し距離を置いて考えるスタンスも存在した。その姿勢は，まさに医学と健康科学と，福祉学，そして心理学の統合に関する問題意識となって今に続いている。たとえば，学校メンタルヘルスという舞台においても，すぐれた養護教諭の先生，中学校の校長先生たちからの実践的な営みを垣間見た。一つの学問に留まらないスタンスの重要性を感じ入る経験であった（学校メンタルヘルス学会，2018）。

そのようなアイデンティティに関するゆれの感覚は，逆に統合的な営みについて感覚をとぎすましたのかもしれない。そもそも，日本は海外の文化を統合的に取り入れる歴史を繰り返してきた。あいまいな統合という営みの，そのよさと悲劇について，私は意識的である必要があると直感したのかもしれない。

このあいまいな統合における日本の心の健康に関する歴史上の最大の悲劇は，障害の3つの意味をきちんとわけることができなかったことであろう。日本語として，機能の障害としての impairment，能力の固定的な障害としての disability，

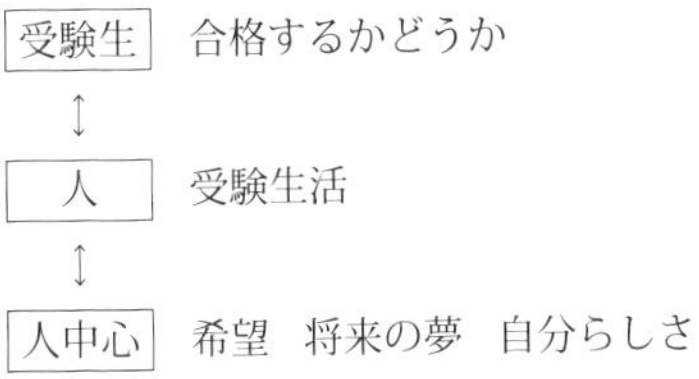

図7-3 受験生であって受験生でない

そして疾患としての disorder を，同じ「障害」と訳し，その意味するところを，私たちは日本語として未だに分けることができないでいる。そのことがもたらした悲劇については，本書においてもすでに述べた。少なくとも心の健康にかかわる専門家は，この悲劇への対応を，21 世紀に持ちこしたことについて，充分に自覚する必要があろう。もちろん，私も含めてである。

　少し期待を込めて言うならば，心理専門職は，この言葉の未分化がもたらす現象に対して，最も問題意識を持って追求できる職種であると思う。その追及の姿勢こそ，クライエントが固定的なまなざしで決めつけられることを防ぐこと，また専門家の，そして社会の対応にミスリードが生じることを防ぐことへの力となることに，大いに期待したい。

2．深まりと言葉の統合性

　ここまでふれてきたことであるが，ｐ３モデルは，深化のプロセスとして，まなざしが段階をふんで移動するイメージより，まなざしが同時に多重に存在し，そのゆらぎの中で変化していることを意味している。それはまなざしが統合されていくプロセスそのものと言ってもよい。3 つのまなざしが同時にありながらそのハーモニーが変化するという点では，"三位一体"と表現できるかもしれない。複数のまなざしがあると同時に，一つのまなざしでもある。

　このようなことは，サイコセラピーのみならず，対人サービスであればどの分野でも瞬間的には意識されていることとも思う。コミュニティの中での日常的な人と人とのかかわり合いの中でも，そのようなまなざしのハーモニーの変化は体感されていることであろう。しかし，私たちはそのようなきめ細やかなまなざしの混ざり合いを，常に意識して保持しておくことは難しい。特にそのまなざしを言葉で固定化させてしまうと，「○○のような人」「○○と比較するとこんな特色がある」といったわかりやすいが細かさに欠けるまなざしとなってしまう。

　このことと関連するが，言葉の持つ力と限界について，ｐ３モデルを通して言及した（第 3 章）。その中で，言葉の階層について，「言葉⇔ことば⇔質感」のｖ３モデルとしてふれたが，その階層の境界はもちろんあいまいである。このモデルでいう「言葉」とは客観的に観察可能な世界を表しており，「ことば」は関与観察に隣接し生活の中で用いられているものであり，質感は投影的観察と似通っており，そこに感じられている世界そのものである。

　言葉こそ統合的に展開している存在と言えるだろう。言語－ことば－質感といった階層的な性質は，同時に存在することもあるし，そのあいまいさと多義的な階層を有することで，心のありようを映し出す力にもなり得る。一方で，その言

葉の意味が固定化され表面的な部分だけが伝達され共有される言葉の性質については，言葉の持つ限界として認識したいところである。

このv3モデルとp3モデルとを合わせたモデルを図7-4に示す。

このモデルに示されるように，どのまなざしも言葉によって表現することが可能であり，ことばによって営みに色付けすることができ，質感によって深く感じることも可能となる。しかしながら，評価対象としてのまなざしにおいては，言葉で表現される論理の世界が有力であるし，人としてのまなざしにおいては，そのまま語りことばによって味付けがなされる。人中心のまなざしでは，質感によって最も身体，特に内臓感覚として感じられる世界が優勢となるでなろう。

このようなモデルも押さえながら，ゴールを設定するという営みは，どのようにとらえることができるのだろうか。第6章のケースGさんは，仕事で成果を出したいという思いと，自然の中でのんびりと過ごしたいという2つの思いのずれに悩んでいたようにセラピストには感じられた。それらの語りが本人から語られることで，Gさんは自らの心情を整理し，面接は終了となることもあろう。本人の気持ちに寄り添うというサイコセラピーの機能のみで有効性が示される場合である。

時には，そのような心情であることをより洞察し理解を深める作業が必要な場合もある。Gさんがそのような2つの思いのずれが，なぜそこまで生活上の支障を生じさせるまでやっかいかつ重要な課題となっているかということを，クライエントとセラピストがより踏み込んで話し合うプロセスが必要となることもあろう。成果を出したいという思いが過去の母子関係の間で行われていた，ということもあるかもしれない。そして，のんびりすることをじゃまする他人の目への過敏さが，Gさんの生き方を窮屈にしていることがお互いにわかってくるかもしれない。

これらの深まりやわかることのプロセスを通して，具体的な変化の方向性に対して，上手に切り替えるという方法，オンオフをバランスよく作るという体験を

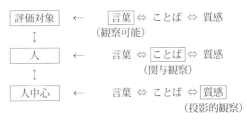

図7-4　p3モデルとv3モデル

共有することができるかもしれない。オンオフ作りのための気持ちの持っていき方，身体の変化のおこし方，少しずつの自らの変化に気づく方法の練習などが，Ｇさんと共有されることもあろう。これらは変化と言葉がつながるプロセスである。

　このような作業を経ながら，この面接が設定するゴール設定はどのようなものがよいのか，Ｇさんにとって有益なものとするのはどのような工夫が必要かという検討が重要となる。これは何に重きをおいていくかというプロセスである。そのための一つとして，Ｇさんがすでにできていること，Ｇさんの周囲にあるリソースに着目することが有意義である。自分一人ではすぐに飽きてしまうというＧさんにとって，オンオフを共に分かち合うパートナーの存在がいることが大切であることがみえてきた。オンオフができないことが真の主訴ではなく，オンオフを共に体験するパートナーが得られない，もしそのようなパートナー候補が出てきても，頑張って自分の存在を大きく見せようとして疲れてしまうこと，パートナーとのかかわりに重きをおいて生活することが重要であることがみえてきた。

　ところで，頑張ってしまう傾向は，Ｇさんとカウンセラーとの対話の中でも当然みられることになる。そして，信頼関係が作られていく中で，頑張りがゆるみ，徐々に本当に求めているものが語られるようになった。カウンセリングの場が，Ｇさんにとってひと時の自分を取り戻す場となった。それはカウンセラーにとっても，意義深い役割でもあったのだが，それが何回か続く中で，自分を取り戻すプロセスの難しさをＧさんと共有することにもなった。

　そもそも「自分を取り戻す」という体験が，Ｇさんにとってどのような質感を持っているものなのか再検討が求められた。そして「自分を取り戻す」時のパートナーに対して，自分が潤いを受けることのみ求めていないか，自分が相手の気持ちに寄り添いお互いの関わり合いの中で「自分を取り戻す」対等な関係がそこにあるのかが，面接場面での大切なポイントとなった。そして，Ｇさんは，たよりたいのにたよれない，そのバランスの悪さが自分の課題であることに気づくようになった。ここにはチームのまなざしがある。自分で決めても続かないと語るＧさんとたよることをめぐっての対話をする中で，Ｇさんはそれが自分の課題だと全面的に受け入れ，物分かりがよいようにセラピストには感じられる一方で，変われない自分も含めて受け入れてほしいというメッセージも，セラピストは受け取った。

　言葉によってＧさんのたよることをめぐっての内的世界の変化が把握され，Ｇさんの変化に与えた言葉が本人のみならず周囲と共有されることでチームが形成され，「自分を取り戻す」ことへのゴールへの営みが意識されることとなった。

言葉によって身体が変化する，そして身体によって言葉が変化する。チームによってそのゴールが共有され，コミュニティにおけるGさんが重きをおくべき考え（「自分を取り戻す」ことや「たよる」こと）が明確となった。

このように，さまざまなまなざしが移動しながら，言語と非言語の多義性が相互に影響しながら，深化プロセスが促進され，そして日常のコミュニティで重んじるべき事柄が共有される。それらをサイコセラピーの醍醐味として押さえておきたいところである。

3．サイコセラピー理論との関係

サイコセラピー理論にはさまざまなものがあるが，その中で代表的なものを挙げると，来談者中心療法，精神分析，認知行動療法，家族療法になる。これらをサイコセラピー理論の主要な4つである。これら以外にも多様な理論があるが，この4理論は，すべてのサイコセラピー理論に影響を与えている有力なものである。

これらの4つの理論は，異なる部分もあるし，ほぼ共通の考え方を有している部分もある。ほぼ同様な効果がもたらされているが，その事象のとらえ方や介入方法は異なるといった場合もある。これらの理論について，その違いを明らかにすることも重要かもしれないが，似たような部分や共通点を充分に検討することもまた必要であろう。すでに繰り返し述べていることであるが，さまざまな考え方に影響を受けながら生まれてきた臨床理論は，その生成プロセスは当然統合的であるし，理論が確立した後も統合的な性質を有していると考えて，理解することが重要である。

言うまでもなく来談者中心療法は，ロジャーズがそれまでのサイコセラピーの中で効果的な共通要素を抽出し整理する中で作られた。精神分析は，催眠の考え方をヒントに，無意識と意識の関係を統合的に考えることによって，その理論を発展させてきたと言うことも可能であろう。繰り返しになるがフロイトこそ，サイコセラピー理論の統合化を強力に推進した貢献者と考える。

行動療法は，観察可能な行動を扱うという考え方のもと，さまざまな行動理論に基づく技法や考え方を整理し，認知的な考え方との統合も果たし認知行動療法として展開している。また催眠の営みから，無意識の効果的力に着目したのが，ミルトン・エリクソンである。彼の自由かつダイナミックなかかわりは，文化人類学者であるベイトソンをして二重拘束説というコミュニケーション方法を見出すことに貢献した。そして家族療法のムーブメントを促進する役割を果たすこととなった。

表7-1　4大理論とサイコセラピープロセスとの関係

	まなざしの移動	深まる	わかる	つながる	集いチームとなる	重きをおく
	［眼―移］	［探―深］	［解―察］	［当―繋］	［集―協］	［価―律］
来談者中心療法	＋＋	＋＋	＋	＋	＋＋	＋＋
精神分析	＋＋	＋＋	＋＋	＋	＋	＋＋
認知行動療法	＋＋	＋	＋＋	＋＋	＋	＋＋
家族療法	＋＋	＋	＋	＋＋	＋＋	＋＋

　これらの4理論について，第Ⅰ部で挙げたプロセス（機能）との関係を示したのが，表7-1である。すべての理論は，まなざしの移動，そして心の内部の深いところにアプローチしようという構えは共通であろう。［移］はすべて＋＋と考えた。［深］（深まる）そして［解］（わかる）については，精神分析および認知行動療法が大切にしてきたことであるので，この2つは＋＋とした。［繋］（つながる）をめぐっては，認知行動療法および家族療法で重視しているとした。［協］（集いチームとなる）については，家族療法そして来談者中心療法が実践上で大切にしてきた。何に重きをおくかという［価］（重きをおく）については，その理論とも重視していると思うので，すべての理論で＋＋とした。

　どのサイコセラピー理論にも，6つのプロセスが含まれている。しかし，各理論が得意としているプロセスや，さほど重視していないプロセスがある。それらの特徴を知ることで，理論の性質を知った上での適用が可能となる。

　さて日本におけるサイコセラピー理論の展開を考える上で何名かの先達にふれたい。まず土居健郎は精神分析の学びから，母子関係の重要性に焦点をあて甘え理論を創設した。精神分析が到達したことよりも，精神分析が求めた先を見出そうとした統合的な営みと位置付けることができるであろう。また村瀬（2010）や平木（2010），中釜（2010）も，自らの心理専門職としての営みを統合的に展開した臨床家である。

　これらの先達たちに共通するのは，自らが見出した理論や考え方を正確に踏襲することを次の世代に求めてはいないということである。自らの到達点はあくまで参考とし，それぞれが自分の力で心理支援のあり方を見出してほしいこと，そしてその自ら見出す営みこそ，最もケースに寄り添った，ケースに資する営みとなることを熟知していたのではないだろうか。

　そのように考えるならば，サイコセラピー理論そのものが，統合的営みを映し出す投影された姿としてとらえ，その理論そのものではなく，理論が目指してい

る先の事柄をいかに目指していくかが重要であることがわかる。

　それは次のように言うこともできる。サイコセラピー理論とまずは出会い見様見真似で考え真似ることから，その学びは始まるであろう。しかし正確に真似ることが目的ではなく，真似ることによってその理論体系が意味することを，すでに先に学んでいた先生（直接指導を受けることができる人，先輩や共に学び合う同輩も含む）との対話を通して感じとることが重要である。そして，先生と自ら対話することを通して，先達（創設者や直接学ぶことができないパイオニア）が求めてきた「何か」を先生を通して見出していく。そしてそれらのすべての体験が，クライエントとのかかわりの中で再現され熟成され活かされていく。

　それらのプロセスは，図7-5のように示すことができる。まず自分が学ぼうと思った理論や考え方との出会いや頭の中でイメージする，時には真似ることが入口である。そのために私たちは集うことになる。そして，直接教えてくれる先生との対話の中で深まり，わかること，わからないことが増えてくる。その営みの中で，直接学ぶことのできない先達（書籍や論文，記録を通して間接的に教えを受けることはできる）から，さまざまなことを学べるようになる。この段階では，現実にはない抽象的な事柄とつながる営みも重要となる。そしてこれらのことは，先達そして先生とつながりながら，クライエントとの間で重きをおくものを見出していく作業が大切となる。このように，習得プロセスとサイコセラピーの営みとの関連があることに，私たちは充分に気づいていたい。

4．サイクル6モデル

　ここまで示してきた6つのプロセスは，「まなざしの移動」「深まる」「わかる」

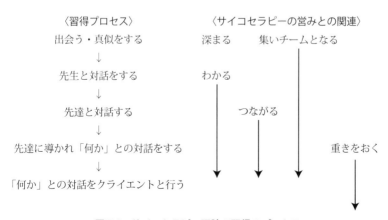

図7-5　サイコセラピー理論の習得のプロセス

「つながる」「集いチームとなる」「重きをおく」である。これらを漢字で表すならば，［眼－移］［探－深］［解－察］［当－繋］［集－協］［価－律］となる。これらは，各サイコセラピー理論に含まれている営みであるが，これらをサイコセラピーにおける共通のプロセスと言うこともできるであろう。

　Helping-skills という対人サービスモデルの考え方（Hill, 2009）において，seeking（探索），insight（洞察），behavior（行動）の３つのプロセスが示されている。これは，［探－深］［解－察］［当－繋］のプロセスに該当すると考えられよう。そしてこの［探－深］［解－察］［当－繋］について，全体としてその展開を基盤からささえる姿勢が［眼－移］と整理できる。また，これらのプロセスをチームを組んで共有していくプロセスが［集－協］である。そしてこの一連の流れをふまえ，クライエントが振り返り持ち帰ることに焦点をあて何に重きをおくかを考えるプロセスが，［価－律］となる。

　図 7-6 にあるように，面接が始まって深まるプロセスがあり，面接を終えるにあたってまた初めに戻るという円環的流れに，この６つのプロセスをあてはめた。そしてそれらの円環的流れにあわせて，まなざしが行ったり来たりすることに着目し，円環の中心に p 3 モデルを配置した。そのようにして，基本モデル（p 3 モデル）の周囲に６つのプロセスが円環的に位置づけられるモデルを図 7-6 に示した。これをサイクル６モデルと呼ぶ。

　ここで示した６つのプロセスは，典型的にはこの順番で行われることを想定しているが，実際には同時に行われたり，順番が入れ替わったり，時にいったり来たり繰り返すこともある。１回の面接の始まりから終わりまでのプロセスでもあるし，何回も面接を重ねる支援全体のプロセスを示すものでもある。クライエントとセラピストの相互作用の中で，自由に展開すると考えた方が実際的であろう。先ほど述べたＧさんとのかかわりは，「まなざしの移動」という考え方に始まり，

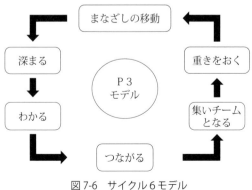

図 7-6　サイクル６モデル

「深まる」「わかる」「つながる」「集う」「重きをおく」というプロセスが含まれていることを指摘できる。なおここで「まなざしの移動」は shifting, そして seeking（深まる），understanding（わかる），connecting（つながる），collaborating（集いチームとなる），evaluating（重きをおく）となる。

　このようなプロセスは実は，ある体験によって人が啓発される時にも観察される。たとえば本章の冒頭で示した私の経験であるが，知的障害者の人々と出会い，ボランティアとしてであったが何度も作業所を訪れることで，知的障害者の人々がどういう思いや考え方をしているか関心が生じ（まなざしの移動），繰り返しかかわりあうことによりまなざしも「深まる」こととなった。そのうちに彼らが働くことを通して，お金を稼ぐだけではなく，社会に参加していること，そこに働く仲間がいること，そのことで生活も規則正しくなり，家族の世話を焼かれなくても毎日を過ごすことができて自立心が育つことを垣間みる（少しだけ「わかる」）ことが増えることとなった。

　そしてそういった彼らの成長が，成人してから日々の働く環境によって作られまた維持されているという，成長や変化と環境とが「つながる」ことへの認識も生まれてきた。また，それを保証するためには募金活動や廃品回収，バザーなどのコミュニティを巻き込んでの本人とそして家族，関係者との努力が必要という，彼らの生涯を通しての成長とコミュニティとが「つながる」ことも意識された。それらの事柄は，ボランティアサークル内で，または施設の職員との語り合いの中で，そして廃品回収に集う地域の人々とのかかわりあいの中で，「集いチームとなる」ことになった。これらの関与や理解，共有のプロセスを通して，障害があろうとなかろうと，大人になってからの社会参加と，その毎日の習慣の中で，自分のできていることを見出し，それを周囲や社会から認めてもらい，自分の中で目標を有することは，とてもかけがえのない「重きをおく」営みであることを，少しずつ学んできたのだと私は振り返ることができる。

　このような自らの魂が揺さぶられる体験は，多くの人は，好奇心や出会いに導かれて，その社会参加の意義として，自らの努力で見出しているであろう。しかし一方で，健康上の支障が生じたり社会的障壁によって，個人の努力のみでは自らの変化を得ることができない場合もあろう。そのような時，サイコセラピーまたはそれに類した支援が必要となる場合がある。またコミュニティ環境を調整することが一義的に重要となることもあろう。そのようなことについて，私たちは充分に意識的である必要があろう。

　すべてのサイコセラピー理論は，このサイクル6モデルから考察することが可能ではないかと私は仮説をたてている。サイコセラピー理論の重要な部分に，こ

れらの6つのプロセスが何らかの形で含まれていると考えられないであろうか。もちろんサイコセラピー理論は，奥深くそう簡単に共通部分を共有することなどは不可能とも考える。しかし，サイコセラピー理論を比較したり，各理論の力点の置き方の違いを比較し，自らの行動とサイコセラピー理論との統合を意識する上で，このサイクル6モデルは役立つように思う。

　サイクル6モデルのプロセスについて，より実態に即したものを図7-7に示した。それぞれのプロセスが重なりながら進行することを示している。たとえば「まなざしの移動」が生じることは，同時にまなざしが「深まる」ことにもつながり，まなざしの「深まり」によって，より「わかる」ことが増え，わかることによってまなざしもより深まることになる。「わかる」ことが増えることで，心の中の何かと言葉が「つながる」ことも増え，それによって「わかる」こともまた増加する。そして「つながる」ことが増えることで，それを共有することも増えて，「集いチームとなる」ことも活発化する。そして「集いチームとなる」ことの共有プロセスの中で，何に「重きをおく」かが整理されることにもつながる。

　これらのプロセスが相互作用しながら一巡する体験そのものが，「まなざしの移動」であり，「まなざしの移動」を意識することで，また心の世界に入り込んでいく一連のプロセスを感じ，まなざしの移動が促進される。繰り返しの面接によって，これらが瞬時に生じることも起こり得るのではないだろうか。

　心理専門職の職業的発達について，このサイクル6モデルを通して考えることができる。基本的な専門職としての姿勢は，まなざしの移動に該当する部分である。そして深まり，わかる，つながるという部分を，いかに充分な見立てを立てながら実行し，その結果を評価するかという技術の向上が，まずは当面目指され

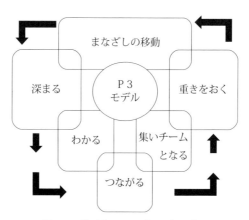

図7-7　サイクル6モデルの相互作用

る部分である。これらの営みを実際の現場にあわせてまた多職種連携で行っていくことが，集うという要素でありチームとしての展開とに関する部分である。そして重きをおくという段階が，臨床の腕を現実に即してどう調整していくかが問われることとなる。

　このようなプロセスは図7-8に示すように，らせん状に発展していくと表現することもできる。すなわち，まなざしの移動という土台となる姿勢を持ち，深まる，わかる，つながる，集いチームとなる，重きをおくというプロセスを経ながら，クライエントへのまなざしがより柔軟で豊かなものへと成長していく。まなざしは移動するのだけれど，単にいったりきたりするというイメージにとどまらず，その移動の質がより高まりクライエントへのよりよい支援につながっていく，その心理専門職としての職業的発達が，らせん状の線としてあらわされている。

5．かかわる側の統合性としてのサイクル6モデル

　実際の臨床実践において，「まなざしの移動」という意識を持つことのトレーニングを積み重ねることによって，深まることやわかること，つながること，集いチームとなること，重きをおくことなどの意識や営みも同時に促進されることは，よく体験されることである。つまり「まなざしの移動」の姿勢を洗練させることが，サイコセラピーにとって重要なさまざまなプロセスに影響を及ぼすことになる。そして「まなざしの移動」は他のプロセスに影響を与えるのみではなく，逆に各プロセスから影響を受け，「まなざしの移動」が促進されるという相互作用が生じることもある。それらの相互作用を図7-9に示した。

　知的障害者の働く生活の姿，それをささえる家族，そして地域の人々のともに同じ地域で生きる者としての寄り添いに気づくことは，私にとっての「まなざしの移動」であったのだが，それは深まること（深まらないこと）やわかること（わからないこと），つながること（つながることが難しいこと），集いチームとなる

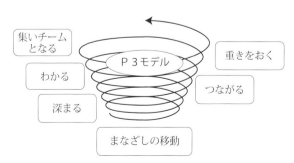

図7-8　心理専門職の職業的発達とサイクル6モデル

こと（集えず孤立すること），そして重きをおくこと（自分の人生に何を重きをおけばよいかわからなくなること）といった体験によって，「まなざしの移動」が促進されることになった（図7-9）。それは後から言葉にするならば，人を見る眼，そして自分を見る眼が少しずつ養われていった，という人間としての成長なのかもしれない。

　また，「わかる」プロセスは，つながることや集うこと，そして重きをおくことを促進する。もちろん，まなざしの移動や深まることにも影響する（図7-10）。わかったことを，本人や家族，関係者が集い共有することを通して，新たな理解が生み出されることもあるだろう。もちろん，正確にわかっていないことによって，変化と言葉とがつながらず，集ったメンバー内でうまく共有されず葛藤が生じることもあるかもしれない。しかしながら，それらの葛藤にしっかりと向き合い，何がわかっていて何がわかっていないかを集ったメンバー内で分ける営みをしていく中で，何がわかっていないかが「わかる」営みが進展し，メンバー内で何を大切にして重きをおいていけばよいかが確認されることもあるだろう。

　たとえば作業所で私が体験したことを例に挙げよう。利用者の働く姿そして語り合いから，働くということの意味がほんの少しであるが私の中で感じられるようになった。働くということばの内容が少しばかりだが豊かになり，それらはボランティア仲間でもほんの少しだろうが共有されるようになった。そして働くことを通して生活者であることをともに感じていくことに思いを向けることが少しだけできる瞬間があった。もちろん，働くという言葉の深い意味は，学生の私にはまだまだ到底わかるに至らないことであり，利用者との実際のかかわりを続ける中でゆさぶられ，そこから疑問が生じ探求し，わかることが少しあり，言葉が質感を持って与えられ，わかったことやわからないことを集ったチーム内で共有

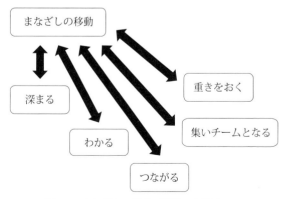

図 7-9　まなざしの移動の影響の広がり

し，現実社会において障害を持った人が働くことの世界の深い意味や意義を考え
る体験を繰り返すこととなった。

　このようなことは，つながることや集いチームとなる，重きをおく，深まる，
それぞれにおいても，起きることであろう。つまり，つながることが，他のプロ
セスそれぞれに影響を及ぼすことになる。このようにサイクル6モデルで挙げた
6つのプロセスは，それぞれが他の要素にランダムに影響を及ぼすことを確認し
ておきたい。

　これらのサイクル6は，サイコセラピーの機能のみならず，多様な対人サービ
スの営みを可視化する上でも役立つと考える。たとえば医師や看護師における医
療において，高度な医学的診断と治療を行うことと並行して，「まなざしの移動」
を意識することで，患者さんの心情をより深く知ろうとし，理解する中で何かを
つなげることとなり，それらをチームで共有し，支援において重きをおくものを
見出す，といった営みが重要となる。

　教育分野であれば，何かを学んでもらうという営みの中で，知識や技術の修得
と並行して，人中心の世界をめぐってのサイクル6のアプローチが重要となる場
合もあろう。専門家は，特にサイクル6を意識している訳ではないが，人の心情
に寄り添った支援を行う経験を積み重ねるならば，これらの要素を自然と行って
いるのではないかとも考えている。もちろん専門職によって，基盤とする学問分
野の特徴から，支援における重心が異なることにもある。そのあたりの各分野の
専門家の機能と役割を熟知することが，プロフェッショナル（professional）によ
る多職種連携にとって重要であろう。

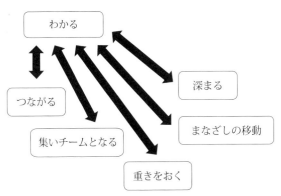

図7-10　「わかる」ことの影響の広がり

6．本人の内的プロセスとしてのサイクル6モデル

　このサイクル6として示しているプロセスは，クライエント本人の内面で生じていることでもあることにも着目したい。たとえば関節リウマチの患者さん（第3章）は，自分の不調に対してどうしたのだろうとインターネットで調べものをしたり家族にきくといった探索の行動を起こすであろう。そしてそれらの探索の結果，病に関する知識を増やし理解を進め，理解に基づいて，何らかの行動を起こすことになる。

　第3章で示したCさんが，p3モデルにあるような支援を受けることで，どのようなサイクルが内部に生じるであろうか？　第1章で述べたクライエントとセラピストの共鳴に留意すれば，図7-11のようなプロセスが考えられる。各要素のカッコ内は，クライエントの立場で表現した体験内容である。Cさんの中に生じた「まなざしの移動」は，周囲の基準と比較してできなくなったことにあてられていた姿勢から，自分の生活を大事にすること，そして自分の大切にしてきた思いを引き続き大切にすることへと，まなざしを移せることになり，それはCさんにとって少し余裕を持つという体験と表現できるであろう。

　余裕を持つことによって，Cさんは，「振り返る」こと，「腑に落ちる」こと，「動きを起こす」こと，「仲間を持つ」こと，「整理がつく」こと，といったよい方向に向けての営みが生じたと表現することができるであろう。

　しかしながら，探索が偏り理解が表面的で誤った行動につながることもある。また人と思いを共にしようとする集うことが試みられたとしても，集ったメンバーにうまく理解してもらえないがために孤立し傷つくこともあろう。サイクル6の誤った対応があると悪循環が生じ状態が悪化する。疾病や障害との関係性も議論したいところである。

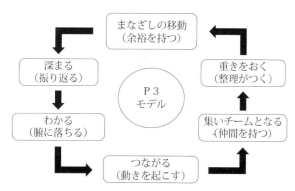

図7-11　クライエントの内的プロセスとサイクル6モデル

またすでに第1章で述べたように，p3モデルの深まりが精神的不調を生む場合，この図7-11に示した要素がうまく機能しないことも考えられるが，それは，「余裕が持てない」「振り返れない」「腑に落ちない」といった形で体験されるであろう。これらは，自分自身が評価される対象として強く圧倒されている状態であり，不全感が強く自己不一致の程度が強くなっていたり，こうすべきという考えにさらされ無意識の欲動を強く抑圧していることによって生じる場合もあろう。また誤った学習によってもたらされることもあろう。このような悪循環に陥らないための支援が重要となる。

一方，サイクル6モデルを人間が健康に生きるための営みとしてみるならば，健康にとって必要なプロセスが含まれていると言える。特に，クリエイティビティについては，深化プロセスが具体的に形になったものともいえよう。深まったものが表に形となって表れるプロセスが創造性と言える。たとえば，「家族」という言葉一つをとっても，ある人が初めて口にした「家族」という言葉と，その人に何時間にもわたって父親や母親そしてきょうだいと経験した出来事をじっくり語った後での「家族」ということば（言葉）とでは，その意味する世界が異なる。もちろん後者の「家族」には，その人の創造性がたっぷりと含まれている。

サイクル6のプロセスをたどりながら，人は心理社会的に発達していく面にも着目したい。これは図7-8に示したらせん状のプロセスが，クライエント自身に生じた場合である。クライエントが自己内省し，自らの置かれている状態や周囲との葛藤に関する洞察が深まり，さまざまな取り組みを行い，それを集った人々と共有し，体験的学びを深めていく。これらはまさに成長発達の一つの姿と考えることも可能である。サイコセラピーの本質には，そのような内的な発達を促進する営みも含まれているであろう。私たちは願わくば，それらの意義あるプロセスを俯瞰して眺め，言葉として誰かと共有したいと思うであろう。

7．さまざまなまなざしからの検討

サイクル6モデルから，いくつかのサイコセラピー理論を眺めてみたい。催眠療法は，催眠にかけるという行為が，意識している論理の世界から深化していくプロセスをたどる方法と考えることができよう。また，後催眠暗示は，まさに無意識の「何か」と言葉とをダイレクトにつなげる営みと言えないだろうか。

たとえば身体感覚と理解とをつなぐ営みは，フォーカシングが得意とするところである。心の内面で起きていることを探求し，それを身体感覚レベルでわかる作業とわからない作業とを丁寧に続ける。身体と行動との関係を丁寧に考えるのは動作法が直接的に扱っている。身体の動きを通して，わかっていないことにし

っかりと気づくことが重要となる。

　わかることを外在化してその内容を客観的にみようとする姿勢は，交流分析が得意としているであろう。ブリーフサイコセラピーも外在化を利用している。なおブリーフサイコセラピーは，支援のゴール設定，すなわちいまここで重きをおくことをめぐっての丁寧な話し合いを行うことが特徴的な営みでもある。

　数字を用いて外在化される時，対話においても数字が重視される。これは，数字と身体感覚をつなぐ試みといってもよいが，これには認知行動療法が注力している。そもそも人類にとって数字とは，身体感覚を有するのもであるとの森田（2015）の指摘にある通り，数字を通してわかることとつなげることの営みが促進されることにも注目したい。

　このような数字の性質を土台にして，エビデンス（数字を用いて作られた根拠と言ってもよい）によって，EBM の考え方が構築され，先人の知恵を世界統一基準で瞬時に共有する高度なシステムが整備されつつある。この考え方はネット社会において非常に効率的かつ強力な方法となった。一方で，我々は，言葉では表現され得ないものをサイコセラピーの営みの中で実感している。芸術療法のように，まさに言葉や数字で表現され得ないものを，真正面から大切にしていこうというアプローチもある。

　集いチームを作ることにおいて肝要な点は，チームとなって経験が深まった，クライエントの理解が進んだ，チームを作ったことでクライエントが安定したなどの効果が，集ったメンバー内で共有されることが重要である。たとえば，コンサルテーションを通して，本人の状態がよい方向に進んだ実感があるからこそ，コンサルテーションの営みは促進される。家族療法や集団療法のように，そこに集うメンバー内で共有されることをわかりやすく提示し，共有できることと共有できないことをしっかりと示し，それらのことをしっかりとメンバー内で確かめていくプロセスを大切にする営みは，まさにサイクル6モデルの各プロセスをわかりやすく共有する営みに通じるものである。

　ところで多様なサイコセラピーの営みを可視化することでより，サイコセラピーの営み全体を鳥瞰することも可能となろう。さまざまなプロセスのダイナミックな展開を意識することもできるかもしれない。それは自らの生の営みのダイナミックさを大切にすることとも共通しているとも考える。自分への気づき，臨床家としての成長プロセスを表現すること，そして臨床家としてベテランとして歩むことについての考察を通じて，サイコセラピーが何を行っているかを少しずつ感じ言語化する世界が豊かになっていくことは意義深いことと思う。

　ところで，このサイクル6モデルについて，すでに先達たちが指摘していること

とをなぞっているだけではという批判は当然あるだろう。もしそのように感じていただけるのであれば，それは私にとって名誉なことである。なぜならば，この本で語られている多くのことは，先達たちが語っていることを，私の経験を通して紡ぎながら見い出し表現したことだからである。すでに述べたように，たとえばp3モデルは，ICFの概念と通じる要素が大きい。

またサイクル6モデルは底が浅い，サイコセラピーの営みはもっと深くかつ複雑なものであるとの指摘もあるかもしれない。もちろんその通りだと考える。しかし一方で，あたりまえであるという感覚に基づいて論を進めることもまた重要とも思う。サイコセラピーを密室の特殊なものにとどめず，対人サービスの一つとして示し，社会にとってわかりやすいものとしたいと考えるからである。このことを意識しながらサービスを行うことで，何を行っているかをより多くの人々と共有していけるであろう。

v3モデルも多くの先人たちがふれている事柄であろう。サイクル6モデルは，p3モデルをベースにして，サイコセラピーの4つの理論の営みを要素として組み込んだものであると考えれば，既存の考え方の延長線上にあるモデルである。また心理学の歴史を基礎としながら，Helping skills（Hills, 2009）の理論をベースにしていることも繰り返しになるが確認しておきたい。

しかしながら，このようなモデルが，私が行っている実践を記述し整理することに非常に役立っていることが，私にとって実は驚きである。近年，連携や協働という言葉はよく聞かれるようになったが，その実際のプロセスについて，サイコセラピーの営みから丁寧に解きほぐしていく作業はさほどなされてこなかったのではないだろうか。実はこの作業こそ，言葉としての「連携」から，質感を持った連携にどう展開していくかという心理支援の本質の営みであり，私たちの実践にとって決定的に重要なことであると考えている。そのことについて次章で述べることになる。

文　献

Hill, E. K.（2009）Helping Skills: Facilitating Exploration, Insight, and Action [3rd Edition].（第2版の日本語訳：ヒル，E. K.（2014）ヘルピング・スキル：探求，洞察，行動のための心の援助法．金子書房．）
平木典子（2010）統合的介入法．東京大学出版会．
森田真生（2015）身体する数学．新潮社．
村瀬嘉代子（2010）統合的心理援助への道．金剛出版．
中釜洋子（2010）個人療法と家族療法をつなぐ—関係系志向の実践的統合．東京大学出版会．
日本学校メンタルヘルス学会編（2017）学校メンタルヘルスハンドブック．大修館書店．
佐々木雄司（1986）宗教から精神衛生へ．金剛出版．

第8章

サイコセラピーがコミュニティで展開する地－場　developing

〈この章のまとめ〉

　サイクル6モデルが，コミュニティ，すなわち地域，生活の場とどう関連していくかを論じ，コミュニティとサイコセラピーとの包括的な関係を示した。それらは，「コミュニティ展開型サイコセラピー」「サイコセラピー連動型コミュニティ支援」「コミュニティサポート型サイコセラピー」と，コミュニティサイコセラピー包括モデルの中で整理した。そして，コミュニティ支援の5本柱（c5モデル）との関係も含め，サイコセラピーがコミュニティとの関連の中で統合されていく営みの重要性に着目した。これらは，「地」そして「場」という文字で表したい。

1．リストカットをした専門学校生Hさん

　欠席が多いことを心配した担任に呼び止められ，Hさんは担任の先生と面談することになった。面談の中で，死にたい気持ちが強くなってリストカットを繰り返していることが語られ，驚いた担任はカウンセリングを受けることをHさんに勧め，Hさんも受けてみようという気持ちになり，カウンセリング室を訪れた。

　Hさんは，死にたい気持ちは小学校の頃からあること，リストカットは高1の時に友人関係のトラブルがきっかけで始まったこと，高3には友人ができてリストカットも減っていたが，上京して一人暮らしになり，友人とうまくやろうと頑張りすぎてしまい，夜一人になるとどっと疲れが出てこの先に希望が持てないと落ち込み，死にたい気持ちが高まり，リストカットをすることが語られた。

　カウンセラーは，Hさんの語りをじっくりと聴きながら，Hさんの死にたい気持ちの強さやどの程度自分でコントロールが可能なのか，今後の死にたい気持ちの増減の見通しなどを評価するために質問を投げかけた。そのリスク評価のための問いかけに，Hさんは比較的協力的であったが，親や担任には知られたくないとの発言は強固なものがあった。知られたくないのは迷惑をかけたくないという理由であったが，知られることで表面的によい子でいた像が崩れ，内面に干渉されることを恐れていることがカウンセラーには感じられた。

　「親に知られたら，どうなってしまうことを一番恐れているんだろう？」という

カウンセラーの問いに対して，Hさんはしばらく考えた後，「わかってくれない」「しっかりしていないと失望される」「過度に心配されて視線が厳しくなる」などを語った。「親がHさんのことを少しでもわかってくれたりすれば，少しは判断が変わることもあるのかな？」というカウンセラーの問いに対しては，「そんなことはあり得ない」とHさんは表情を硬くした。

　そのようなやり取りの中で，面接の中で何ができるのかをカウンセラーは冷静に考えることが必要と感じた。「Hさんがとても危ないことが伝わってくるけれど，その中でよくぞ相談室に来てくれた。ここでまずは取り組みたいことってどういうことなのか，言葉にできる？」と投げかけたところ，Hさんは当然のことながら，沈黙して言葉にできない様子であった。しかし，何とか表現しようとしていることは感じ取れた。そこで，カウンセラーから，「難しい質問だね？」「言葉にならないけれど，ありそうな感じもある？」と投げかけると拒否的ではなかった。

　「死にたい気持ちが少しでも下がって，もう少し毎日過ごすのにくたくたにならないようになれれば，という感じかなー」と尋ねると，「そうかもしれない」という反応であった。「カウンセリングでそのような変化が魔法のように起こせるとよいのだけれど，今日この部屋に来てそうではないことには気づいているかな。少しずつだけど，くたくたになるのがほんの少しだけでも減るにはどうすればよいか，一緒の考えることが，ここでできることかなー」と言うと，少し顔を上げてうなずいた。

　こうやって，Hさんとカウンセラーは，「くたくたをほんの少しでも減らすこと」を当面の目標として，面接契約をかわすという段階にきた。しかし念のため，再度リスク評価することにした。「毎週面接をしていければと思うけれど，死にたいの勢いが強すぎると危ないとも思う。来週まで何とかしのげるかな？」ときくと，わからないという返事であった。特にどのような時が危ないかHさんに聞くと，日中に嫌なことがあった日の深夜一人でいると，自分はダメだと追い詰めてしまい死にたい気持ちも高まっているということであった。

　「死にたいが高まってくるその波の性質をつかんでおくと，対処をあらかじめ考えることができるね。今は死にたいが高まったときはどうしているの？」と聞くと，「何もしていない，じっとして耐えていて，そのうち寝てしまう」と答えた。「じっとすることができているんだね。それに寝ることができるのも，それも対処だね」「今は危険な状態なので，とりあえず，そのようにできていることを一緒に見つけていくことが大事かもしれない」といった語りも可能であろう。「誰かに語ることも，死にたいの高まりへの対処だけれど，親に話したりは？」という問い

には，「話したらかえってこじれそう」と表情が硬くなったが，つい5分前の時ほどではなかった。

　カウンセラーとしては，面接を続ける上で，安全の確保は優先したいので，親にHさんの危機について知っておいてもらいたいこと，もしそれがどうしても難しいということであれば，特に危ないという時には担任に申し出てほしいこと，担任にしっかりと受け止めてもらうために，担任にはHさんの死にたい気持ちとリストカットについて共有できるとよいのだけれど」と伝えた。このことについてはHさんも納得した。また，「死にたい」の高まりを少し下げるために，精神科医療機関を受診して処方された薬を飲むことも助けになる可能性があることも情報として伝えた。医療機関受診についてHさんはすぐには判断できないようではあったが，考えてみるという姿勢であった。

　Hさんは担任との情報共有には同意したので，担任に特別に面接室に来てもらい3名で申し合わせをした上で，受診する場合の医療機関の連絡先も3者で確認し，来週の予約も入れて終了とした。なお親への連絡をどうするかについては，学校管理上重要な判断事項として，担任から学科主任に連絡して引き続き考えてもらうこととした。

2．サイクル6モデルの展開

　Hさんとのかかわりを，サイクル6モデルで検討してみよう。未成年ケースで本来であれば親に自殺の危険性についてすぐにでも連絡すべき局面かもしれない。しかし，そのように連絡することで，本人と学校側との関係性が崩れてしまうとすれば，Hさんのカウンセリングへの印象が，その後の人生において長期にわたってマイナスなものとなる危険性もある。そこで最大限の慎重さを持ちながら，本人との関係性の構築とリスク管理の双方に取り組むことが求められる。そのような介入を行った事例である。

　サイクル6モデルの「まなざしの移動」という基本的姿勢を持ちつつ，「深まる」「理解する」の段階から，支援が始まっている。しかし，リストカットという危険度の高い状態であることが明らかになっていく中で，「つながる」ことが見出しにくい状況であることが把握された。その中でカウンセラーが優先したのは，「この場でできることは何か？」という問いであった。それは潜在的主訴の検討でもあったが，それは現実にあるリスクを前にして，「何に重きをおくか」ということであった。そのことをよく話し合う中で，Hさんの日常生活がどう続くかという現実に目が向けられ，その現実生活の中で，どのような「集いチームとなる」のがよいのか話し合われた。

　チーム作りにおいては,実際に担任にも入ってもらい,毎日の支援が担任および学校コミュニティとして行われること,そして場合によっては医療機関という学校外のコミュニティでの支援もあり得ることを話し合った。これは,この場（面接室）でできることを探っていくという支援の可能性と限界を現実的に考えながら,一方でコミュニティ全体での支援についても現実的に考えていくという展開であった。

　それは,「深まる」「わかる」という段階から,「重きをおく」「集いチームとなる」という関与が行われた上で,「つながる」というサイコセラピー実施をあつらえていくという展開である。緊急度が高かったり,安全の確保やリスク管理が優先される場合の展開の特徴を示している。その流れを図8-1に矢印で示した。何が面接室でできることなのかを考えつつ,コミュニティチームを構築することも行っている。相談構造作りとコミュニティ支援構造の双方を意識し取り組む方法である。

　このような支援を積み重ねると,専門学校における社会的役割とは何なのか,その中で専門学校の教員である担任はどこまで役割を担えるかも含めて,学校コミュニティの特徴を把握することが可能となる。この担任は,学生を毎日きめ細かくささえることができそうか？　また,担任にそのようなささえる機能を持ってもらうには,日ごろからカウンセラーはどのような働きかけを学校全体に対して,また地域に対して行っておくとよいかということも見えてくる。それは,学校や地域での支援の仕組みを作っていくという意味で,学校コミュニティにおけるシステム構築の活動である。

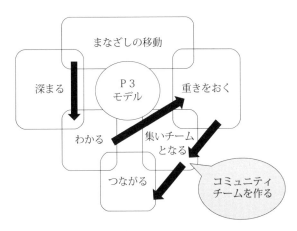

図8-1　c6モデルとコミュニティへの展開

3．コミュニティ支援の5本柱

　Hさんとのかかわりにおいてカウンセラーは，個別相談，担任を含めてのコンサルテーション，危機介入，そしてシステム構築を行ってきた。このコミュニティを意識した支援は，表8-1に示すように，コミュニティ支援の5本柱として整理できる（黒沢・森・元永，2013）。ここでは，コミュニティ5（c5）モデルと呼ぶ。ストレスへの対処について学生向けの講演を行えば，集団支援として位置づけられるであろう。ここで重要な点は，このコミュニティ支援が総合的に展開させる中で，面接室でのサイコセラピーの関与も安定して行えるというところである。

　このc5モデルについて説明を加えたい。まず，①個別支援は，サイコセラピー的関与にとどまらない，個別のかかわりすべてを含んでいる。それは，ちょっとしたあいさつや雑談，電話でのやりとりなど，ありとあらゆる個人に影響を及ぼす可能性のある関与すべてである。②コンサルテーションは，クライエントの家族や関係者など周囲の人とのかかわりをすべて含む。③集団支援とは，集団を対象とした心理教育，講演，グループワーク，広報誌の記事などの集団対象の働きかけすべてを含む。集団療法もここに分類されるであろう。

　上記①から③を通常の支援とするならば，クライエントへの状態が不安定で緊急の特別な対応を要する場合の④危機介入もまた，コミュニティ支援では必要とされる。Hさんのケースは危機介入であった。コミュニティ活動での危機介入の重要性は，地域精神保健の理念を作ったCaplanが提唱しているが，その理念を山本（2000）が発展させている。そしてこれら①から④を有機的に結びつけ効果的に行うために，⑤システム構築が重要となる。システム構築とは，心の支援活動が，コミュニティのニーズに対応して効果的に行われるための仕組み作りのことである。

　この5本柱（c5モデル）は，学校コミュニティにおける活動を振り返る中で整理されてきたものであるが，学校にとどまらず職場や医療機関などでコミュニティ活動を行う場合にも有益な整理の仕方だと考える。実際，コミュニティでの

表8-1　コミュニティ支援の5本柱（c5モデル）

①　個別支援
②　コンサルテーション
③　集団支援
④　危機介入
⑤　システム構築

活動は，１種類のサービスのみで構成されることはまずなく，さまざまな活動が組み合わされて行われる。それぞれの性質の異なる活動が有機的に関連しあって，統合的に展開すると言ってもよいであろう。

　すなわち，コミュニティ支援を念頭に置いたサイコセラピーは，面接室外でのかかわり合いや，関係者とのコンサルテーション，集団対象の心理教育，そして必要に応じての危機介入，そしてそれらを可能にするマンパワーとチーム連携，組織，評価基準，資材等も含めたシステム構築が，並行して行われ，かつ，その実施の可能性が継続して検討されるところに特徴がある。

　なおこのｃ５モデルは，心の支援領域に限定されず，さまざまな分野の対人サービスにも適用可能なモデルでもあろう。すべての対人サービスは，対象者への個別支援もあれば集団支援もある，直接支援もあれば間接支援もある，そして緊急支援もあれば通常支援もあるからである。なおこのモデルは，コミュニティの中で生じた活動を５本柱としてまとめたが，これらの活動は独立して明確にわけられるものではない。それぞれが混ざり合い相互に影響し合いながら展開することになる。

　リストカットを担任に語ったＨさんについて，最初の支援は，担任へのコンサルテーションという形であった。担任がしっかり受け止める中でＨさんと担任との信頼関係が作られ，担任の勧めによってＨさんはカウンセリングに来談することができた。緊急対応，心理教育，システム構築というすべてを，この専門学校の学生教育の質の向上と連動して行う展開となった。

4．深まることとコミュニティ

　すでに繰り返し述べているように，この本の主要な主張であるまなざしの移動（ｐ３モデル）は，サイコセラピーのみで行われるものではなく，日常の人と人とのかかわりの中で営まれている。コミュニティにおけるチームにおいても，そのまなざしの移動が起きることの重要性にふれた（図5-3）。それらもふまえて，人中心のまなざしへの深まりが，コミュニティ支援においてどのように活かされていくかもう少しふみ込んで考えてみよう。

　図8-2に，コミュニティを構成する本人と周囲にいるメンバーａ，ｂを示した。メンバーａ，ｂは，友人でも教員でも家族でもよい。本人と深くかかわる可能性のある本人の生活の中に登場する人である。本人にはｐ３モデルのまなざしが内在している。メンバーａが本人とのかかわりを通して，まなざしの深まりを共有したとしよう。そして，その深まりをメンバーｂが感じることになると，メンバーｂのまなざしの変化も生じる可能性がある。これは，本人の人中心のまなざし

がコミュニティ内で共有されるプロセスである。もしここに支援者チームである
コミュニティチーム c が登場するとしよう。チーム c は本人とのかかわりの中で
まなざしの深まりを共に共有するとともに、それをメンバー a，b とも共有する
ことを促進できるかもしれない。そうすると、メンバー a，b ともに、チーム c
も本人をささえるコミュニティチームの一員となることもあり得る。このように
して、コミュニティ内で大切にされる価値が深められ共有されることになる。こ
のようなまなざしの深まりは、コミュニティにおける重要なチーム感覚（第5章）
となるであろう。

　そのコミュニティにおけるチーム感覚は、ことば（語り言葉）やことばになら
ない感覚として共有されることがある。このことばと感覚（質感）との関係は、
第3章において、「言葉－ことば－質感」という v 3 モデルで検討した。図8-3 で
示した本人とメンバー a，b，そしてコミュニティチーム c について、v 3 モデ
ルを含めて図 8-2 に示している。チームが、本人の願いを人中心のまなざしでな
がめること、そしてその深い世界を質感として感じとることができるかどうかが、
まさにチーム感覚の体験として重要であることは言うまでもない。

　ここで重要な点は、日本語が語られる際に主語が必要でないということである。
この日本語としてのあいまい性が、コミュニティにおけるチーム感覚を持つこと
を促進してきたと言えるかもしれない。というより、そのようなチーム感覚を重
んじて人々が生きてきたので、日本において主語が必要とされてこなかったと考
えられないだろうか。図 8-3 に示すように、クライエント自身の内面、2 者関係、

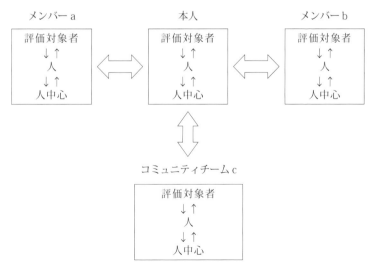

図8-2　コミュニティにおけるまなざしの深まり

３者関係，そしてコミュニティでのチーム感覚（いわゆる世間という感覚）すべてが，主語がなく表現される傾向にある。その結果でもあるし原因でもあるのだが，それぞれの主体間の違いはあいまいとなる。クライエント自身の感じたことであっても，それを「私が感じた」と表現されることは少ない。「私が感じた」とあえて話す時は，ほかの意見との違いを表明するような特殊なことばの用いられ方であるので，この時の「私が」という言葉は，「私の意見をあえて述べるならば」という説明のための語句とみなすべきニュアンスが生じてしまう。

　つまり図8-4に示すように，クライエントの内面で感じられることは，「私が」という主語があると同時に，主語があいまいで「私たち」はという表現が無意識に想定されている場合がある。それが，カウンセラーとクライエントとの二者関係の中でサイコセラピーという営みは，個について語ると同時に，主語のない中で私たちの感じていることという感覚も同時に持つこととなる。そしてカウンセ

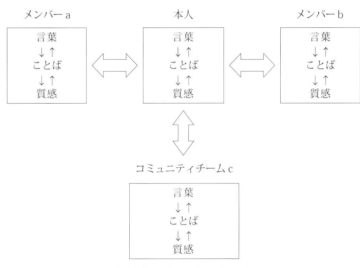

図8-3　コミュニティと共有

クライエントの内面　　　　　　　　　　　　　　　　　　私たち？
　　↓↑
カウンセラー・クライエントの２者関係　　　　　　　　私たち
　　↓↑
カウンセラー・クライエント・大切な人の３者関係　　私たち
　　↓↑
コミュニティの共有感覚　　　　　　　　　　　　　　　私たち

図8-4　クライエントの内面とコミュニティ

ラーとクライエントとの二者関係には，意識的にせよ無意識的にせよ大切な第三者が影響を及ぼすこととなる。その意味では，三者関係が語られることになるのだが，そこでも主語が省略された語りに注目し，私たちというチーム感覚が重要となる場合もあろう。そしてそれらのことは，当然コミュニティにおいて共有される感覚に影響する。サイコセラピーによって体験するチーム感覚とコミュニティにおけるチーム感覚が，相互に影響し合いながら展開していくことに充分に意識的であり，また適切に扱っていくことが求められる。

6．コミュニティ展開型サイコセラピー

　クライエントとセラピストとのまなざしの深まりは，コミュニティに対するまなざしの深まりももたらす可能性があることを述べた。このまなざしの移動は，クライエントとコミュニティの間でも行われるであろうし，セラピストとコミュニティとの間でも行われることとなる。そう考えるならば，クライエントとセラピストとのサイコセラピーによる相互作用が，そのままコミュニティの力を活用し，サイコセラピー自体の効果を促進することにもなり得る。これは，"サイコセラピー powered with コミュニティ"といった営みである。コミュニティの力を借りて，本人の成長を促すサイコセラピーを展開するという方法である。

　それらの営みを，サイクル6モデルとの関係で示したのが，図8-5である。サイクル6モデルの各プロセスが，すでにコミュニティの中で行われていることを意識しつつ，各プロセスをコミュニティに開かれたものとする営みである。このような考え方を通して，個別支援とコミュニティ支援との統合的展開を見出すことができる。つまり，セラピストとカウンセラーの相互作用の中で行われるまなざしの移動は，そのままクライエントがコミュニティの多様性にまなざしを向けることと関連することになる。特にコミュニティで大切にされる価値にさまざまな側面があることに気づく展開も起こり得るであろう。

　図8-5を具体的に説明すると，まなざしの移動を促進する深まりのプロセスは，コミュニティとの関係を作る営みともなる。そもそもセラピスト自身がコミュニティの中のリソースの一人である。リソースであるセラピストとまなざしの深まりを経験することは，コミュニティ全体への信頼をクライエントが構築することにつながる。

　わかることは，クライエントとセラピストの協働作業であるが，そのわかった内容をコミュニティで共有される展開もまた重要である。クライエント本人が自ら理解できた自分の状態を周囲に説明することも可能となるし，周囲も本人をどう理解しどう寄りそえばよいかが見えてくる。これはコンサルテーションの営み

とも関連する。そのような中で，クライエントは，自分の心の状態や変化に対してよりしっくりくる言葉をつなげることができて，その変化を確実なものとする。コミュニティにおいても，そのリソースとのつながりが見いだされ，本人の変化がコミュニティによってささえられる。心理教育の営みはこの活動と密接に関連するであろう。

このような展開の中で，集うことを通して必要に応じてチームで対応するコミュニティチームが，コミュニティ内に形成され，継続した支援を行うこととなる。コミュニティチームとは，チーム医療，チーム学校といった，ある分野限定の常駐型チームではなく，そのクライエントのニーズに合わせて，多分野多職種で作られた横断的チームである（第5章）。

そしてこれらの支援は，クライエントとセラピストとの間で，どのような現実的な事柄に重きをおくかによって，その効果の持続を目指すのであるが，コミュニティの状況をセラピストがある程度知っているのであれば，コミュニティにおいて大切にされる現実を意識しながら，どのようにクライエントが大切にしたい価値を守り育んでいくかという問いに取り組むことが可能となる。

これらの営みは，コミュニティ内の組織に属さない，すなわち学校や職場，福祉施設等に属さない個人開業型の相談機関で，一対一のサイコセラピーを行って

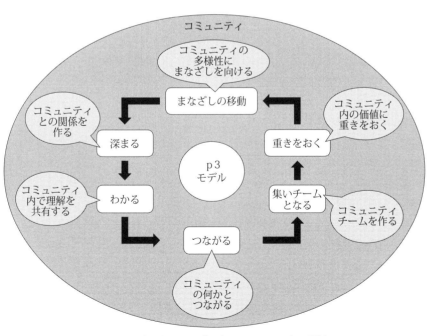

図8-5　サイクル6モデルとコミュニティとの関係

いるとしても，セラピストがクライエントのコミュニティとの相互作用にまなざしを向けているならば，自然と行われることにはすでにふれた（図5-2）。つまり，コミュニティ展開型サイコセラピーは，普段の密室における一対一のサイコセラピーにおいても，すでに行っている営みとして認識していくことが重要である。

　すなわち，普段の営みであるが，クライエントの語りをコミュニティとの相互作用を意識しながら聞くこと，そしてクライエントとセラピストとの間で起こっていることを，クライエントとコミュニティとの間でも同時に起こり得ることという文脈で理解することなど，コミュニティへの展開を常に連想しながら支援を行うことが重要な姿勢ということである。

　ただし，コミュニティを意識する場合でも，クライエントとセラピストの関係性については，常に点検しておく必要がある。相談構造によって守られているクライエントが，コミュニティのさまざまなかかわりを話題とされることで，コミュニティから侵入されている感覚を持ち，面接の場が安心できる場として機能しなくなる，といった影響も起こり得るからである。

　Hさんの例でも，本人の安全を守りたいという学校や家族も含めたコミュニティの安全を確保したいという価値観が，強い介入となってHさんを追い詰めてしまう危険性があった。そのコミュニティの考え方が，Hさんに誤解されることなく，Hさんを守るための考え方であることを，限られた時間の中でどのように丁寧に伝えるかが難しいところであった。これらのプロセスには，サイクル6モデルのすべての要素が総動員されることになろう。

　また本人が真に望んでいること（真の主訴）を，コミュニティとの文脈で考えてみることによって，コミュニティとの関連を意識化してかかわることが可能となる。クライエントのコミュニティへの展開が活性化され，ファンタジーや想像力も，コミュニティの中でクライエントが自律的に自分の生を営むとはどういうことか，という問いの答えを探す旅に用いることができる。このことはクライエントがこの世の中でほこりをもって尊重されて生きる存在意義を，コミュニティが見出すことにもつながっていく。なおこのプロセスは，サイクル6モデルの「重きをおく」まなざしによって吟味されることも指摘しておきたい。

7．サイコセラピー連動型コミュニティ支援

　サイコセラピーの営みを活かしながら，コミュニティ支援そのものを豊かに展開することも可能である。これは，"コミュニティ支援 powered by サイコセラピー"とも表現できるが，サイコセラピーの考え方や機能を応用する形でコミュニティ支援を充実させていくことであり，サイコセラピー連動型コミュニティ支援

である。これは，コミュニティで活動を行う支援者にとって重要な点であるが，その内容を表8-2に示す。

　コミュニティ支援における「①個別支援」は，相談構造が明確なサイコセラピーの場合，深まる－理解する－つながる，といったプロセスが基本的な流れであるが，スクールカウンセラーが教室で子どもと会話する，児童養護施設のリビングルームで心理職が児童とやりとりをするといった生活の場での構造がゆるやかな場面での支援の場合，サイクル6モデルの「深まる」「理解する」ことより前に，まずは害は及ぼさないという安心感を作り，その上で「集いチームとなる」ことで行動を共にするチーム作りに注力する場合もある。

　「②コンサルテーション」は，まず関係者とのチーム作りをしながら，関係者がどのように状況を理解しているかを，じっくりと聴く必要があろう。「③集団支援」については，心の状態を質感をもって示すことが可能な言葉を見出すことを行う場合もあり，それは「つながる」プロセスを重視していることになる。

　「④危機介入」はほぼすべてチームによる支援が行われることとなる。そして限られた時間で，当面何が大切かという現実に戻ってもらうために「何を重んじるか」のまなざしが重要となる。

　「⑤システム構築」は，コミュニティにおける心の支援の仕組みを作ることである。まなざしの移動を通して，コミュニティで大切にされる価値と多様性へのまなざしがどのような特徴を持っているかをアセスメントしながら，そのコミュニティにあった心の支援システムを検討することが可能となろう。

　サイコセラピーで大切にしていきたい考え方が，コミュニティ支援においても活かしていけるということは，重要な考え方である。サイコセラピーの営みは，クライエントがコミュニティで体験すべきことがらを，疑似的空間で丁寧に安全な形で行っているとも言える。そのような認識を持つことができれば，サイコセラピーの営みそのものが，コミュニティ支援に応用可能という視界が開けることとなる。

　一方，サイコセラピーを通して，クライエントがコミュニティの中で自律的に生を営むことになれば，コミュニティに対してクライエントが何らかの貢献をすることにもつながるであろう。第2章で示したBさんのような人が，病いの軌跡

表8-2　サイコセラピー連動型コミュニティ支援

①	個別支援　深まる－チーム　サイクル6モデル
②	コンサルテーション　チーム－理解
③	集団支援　つながる－チーム
④	危機介入　チーム－重きをおく
⑤	システム構築　チーム－すべての機能

をたどり当事者として他者をサポートするピアサポートとして活動することもある。これもコミュニティへの貢献の一つである。当事者の人に，国の施策を考えることにも協力してもらうという仕組みも始まっている。たとえば認知症施策推進大綱（2019）では，認知症の人本人の意見をふまえて施策の立案と推進を行うことが明記されている。

8．コミュニティサポート型サイコセラピー

　サイコセラピーが力を発揮するためのコミュニティとはどのようなものなのだろうか。まず，コミュニティによって適切に，サイコセラピーが位置づけされていることが重要であろう。またサイコセラピーの効果と限界についても，たとえば，メンタルヘルスリテラシー（篁，2015）といった一定の知識がコミュニティ内で共有されていることも大切なこととなろう。メンタルヘルスリテラシーが一定程度あるならば，このような状況だからこんな風にカウンセラーを紹介してみようといった周囲の人によるアプローチが適切なものとなる。

　また，サイコセラピーにおいて生じたよい変化を，コミュニティがしっかりと把握することも重要であろう。これはサイコセラピーに限らず，コミュニティにおいて生じた好ましい変化を，コミュニティ自身がしっかりと認識することである。コミュニティ内のリソースをしっかりと把握しておくコミュニティの力を大切にするということでもある。

　さらに，サイコセラピーが大切にするまなざしの移動を，コミュニティ自体も大切にしているならば，サイコセラピーの力が発揮しやすくなるであろう。そのようなコミュニティとは，多様な価値観を受け入れ，さまざまな生き方を認めていくコミュニティである。単一の価値のみを受け入れ，排他的な姿勢を示すコミュニティとは正反対の性質を持つ。

　このようなコミュニティの営みの中で，サイコセラピーの統合的営みが活性化される。そのプロセスは，サイクル6モデルのように可視化できる瞬間もあるが，より多くのことが行われ，それらが同時に進行する。サイコセラピーの営みによって，クライエントの自律性が活性化され，それはコミュニティにおいて生きることの活性化ともなる。

　サイコセラピーの重要な機能として，本人の力を信じ本人にまかせるということがある。これはまさにコミュニティの力を信頼し任せるということである。2者関係の中で本人にまかせるプロセスとは，時に深まるプロセスの中で本人がリソースを発見するという場合もある。また，本人がコミュニティの存在に気づくこと，コミュニティとともにチームを作って動くという場合もあろう。なおコミュ

ニティにおいては，自分が負うべき責任を他者になすりつけるといったことが起きることもある。このようなことも含めたコミュニティから受けるストレス（コミュニティストレス）にじっくりと向き合うことが大切である。

コミュニティ支援の理論にはさまざまなものがあるが，Caplan の提案した予防精神医学，そして佐々木（2002）の提案した鍵概念である「ケアの継続性」と「地域責任性」を本書では取り上げた。それらもふまえ，コミュニティ5モデルも含めて，サイコセラピーの営みの関係性を踏み込んで議論することにより，サイコセラピーとコミュニティとの関係をより豊かなものとしていければと考える。

どの対人援助職にも共通のミッションであるが，コミュニティ全体を視野において支援を展開する必要がある。そしてコミュニティ支援が，個別支援の質をも同時に洗練させることを議論することが重要である。個別支援で起きがちな抱え込みを防ぎ，コミュニティの良質な支援に着目する。コミュニティと本人を信頼して，個別支援は最低限のものにすることにより，セラピストの見立ての質が向上する。臨床心理学の分野においても，「つなぎ」をキーワードとした下山（1991），ネットワーク活用やシステム形成に着目した田嶋（2009），臨床心理学的コミュニティ・エンパワメント・アプローチのモデルを示した窪田（2009）などすぐれた個別支援と地域支援との統合的アプローチの理論と実践がある。

本書では，サイコセラピーを議論する中で示したp3モデル，v3モデル，c5モデル，サイクル6モデルのそれぞれが，コミュニティ支援とサイコセラピーとの統合的展開に寄与する道筋を示した。サイコセラピーの営みそのものがコミュニティの働きを活性化することを述べた（コミュニティ展開型サイコセラピー；図8-6のA）。またサイコセラピーの理論と方法によってその内容が充実することになったコミュニティ支援についても指摘した（サイコセラピー連動型コミュニティ支援；図8-6のB）。そして，コミュニティの機能によってその効果を高められたサイコセラピー（コミュニティサポート型サイコセラピー）のあり方も重要である（図8-6のC）。なお，コミュニティ支援は当然ながらコミュニティを耕し（図8-6のD），コミュニティの持つ力はコミュニティ支援の充実にもつながる（図8-6のE）。

この図のように，サイコセラピーの営みがコミュニティの活性化につながったり，逆にコミュニティの作用によりサイコセラピーの機能が充実したり，サイコセラピーの方法論によってコミュニティ支援が充実するといったさまざまな相互作用がある。もちろんコミュニティ支援によってコミュニティ自体の活性化にもつながるし，コミュニティの活性化がコミュニティ支援の充実につながる。これらの相互作用によって，コミュニティとサイコセラピーが同時に包括的に活性化し洗練されることとなる。

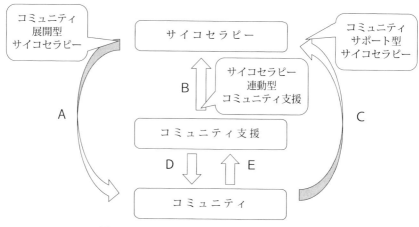

図 8-6　コミュニティーサイコセラピー包括モデル

文　献

窪田由紀（2009）．臨床実践とコミュニティアプローチ．金剛出版．

黒沢幸子・森俊夫・元永拓郎（2013）明解！スクールカウンセリング．金子書房．

厚生労働省（2019）認知症施策推進大綱．https://www.mhlw.go.jp/stf/sei

元永拓郎（2010）新しいメンタルヘルスサービス—コミュニティをどう作るか．新興医学出版社．

佐々木雄司（2002）生活の場での実践メンタルヘルス．保健同人社．

下山晴彦・峰松修・保坂亨ほか（1991）学生相談における心理臨床モデルの研究：学生相談の活動分類を媒介として．心理臨床学研究，9: 55-69.

田嶌誠一（2009）現実に介入しつつ心に関わる—多面的援助アプローチと臨床の知恵．金剛出版．

筒宗一・上松太郎・吉田光爾・大島巌（2015）効果的な学校メンタルヘルスリテラシー教育プログラム．特定非営利活動法人地域精神保健福祉機構学校メンタルヘルスリテラシー教育研究会．

山本和郎（2000）危機介入とコンサルテーション．ミネルヴァ書房．

第9章

クライエントに資する柔軟な営みとは？
柔－貫　integrating

〈この章のまとめ〉

　これまでのサイコセラピーの統合的な営みが，クライエントに資するかという点から論じた。サイコセラピーの統合的営みにおいては，対人サービスとして位置づけていくこと，そしてコミュニティとともに歩むことへの認識が重要と考える。これはサイコセラピーを柔軟に行いかつ一貫性を大切にする考え方である。この章の着眼点は，「柔」そして「貫」という文字を与え表したい。

1．サイコセラピーの統合の営みから何を学ぶのか

　繰り返し述べていることであるが，先達の対人支援の理論や特にサイコセラピーの学びは，その先達の試行錯誤の到達した結果から学ぶか，それとも先達が目指そうとしたものやその試行錯誤のプロセスから，すなわち理論の立ち上がる営みから学ぶのか，大きな違いがある。実はこのことは別にサイコセラピーの世界に限ったことではない。科学の世界でも，「先人の見たものを求めるのではなく何を見ようとしたかを求めよ」という言葉を語っている先生がいる（大村, 2016）。

　土居（2007）は，精神分析の考え方を日本人のメンタリティにあうように発展させ，「甘え」理論を構築するに至った。日常語の力を充分に理解しながら，クライエントにとって役立つ見立ての重要性を認識し，言葉と心理現象との関係性に切り込んだ（熊倉, 1993）。サイコセラピーの営みの自由な展開を日本において先駆的に進めた先生と言えるだろう。

　すでに述べたが村瀬（2001）は，サイコセラピーの統合という考え方を意識的に用い，心理療法の学派を超えた柔軟な展開を意識した彼女なりの統合的な方法を提案している。また平木（2003）は，来談者中心療法の考え方とアサーショントレーニングという方法をそれぞ成熟させるとともに，これらの個人療法と家族療法を組み合わせて統合的に支援する方法の有効性を示した。サイコセラピーの統合的展開として重要な着眼点である。

　神田橋（1990）は，精神分析の考え方を基礎としながらも，さまざまな考え方

表 9-1　心理支援の統合的営み

```
1．支援に関する学問の統合
2．心理学の各分野の統合
3．心理支援プログラムの統合
4．サイコセラピー理論の統合
5．個人内の統合
```

や治療法を取り入れ，常識にとらわれないユニークなサイコセラピー論を展開しており，すぐれた統合的なサイコセラピストということができよう。山上（1990）は，行動療法を実際の臨床においてクライエントとの関係を構築しながら，柔軟に展開して治療効果を上げる方法について述べている。森ら（2015）は，エリクソニアンのアプローチを基本とするが，そこにとどまらないダイナミックな関与を編み出してきた。彼も個人レベルでの統合的展開を行ったサイコセラピストと評することができよう。

　ここに挙げた諸先生たちの歩みは統合的営みと私はとらえるが，それを表 9-1の「5．個人内の統合」を行ったと表すこともできる。これらの歩みは，海外のサイコセラピー理論を日本の自らの日常の臨床にあてはめる時に，日本の臨床現場にあった方法を見出した営みと考えることもできる。それは，海外発の考え方が日本でどのように定着していったのかの軌跡でもあり，非常に興味深いところである。

　日本において，文字の習得について，島国という地勢もあるのだろう，時間をかけて諸外国からの文化を吸収し創造してきた。言葉を書き換えるのではなく，混沌を大切にして，言葉を2つ（漢字とひらがな），いやカタカナを加えると3種類も作り使いこなすこととなった。このことは，日本人的統合の方法をよくあらわす事柄と思う。1つにすることではなく，1つになることへの違和感に誠実にとどまりながら，しかし全体として統合的な文字体系を作ることに成功したと言うことができる。

　私はこの日本人のメンタリティの本質にせまることば（言葉）をめぐる歩みこそが，サイコセラピー統合化のよきモデルになるのではと考える。すなわち，1つに統合されない違いを内包しながら，いくつかの異なる方法を3つの種類の文字を用いて紡ぎながら，日常の言葉として統一感を有していく，そのような統合のプロセスである。混ざらないことも大切にし，一方で混ざり合いながらハーモニーを奏で，しっくり感を醸し出していく。日本のパイオニアの先生方の統合への営みは，このような日本語の成立と展開に起きていることとシンクロしているのではないだろうか。

　もちろん，一つの理論を地道に深めていくことによって行われる統合的プロセスもある。一つの狭い学問分野を極めることで，すべての学問に通じる知見を得るということも起こり得るであろう。その意味で，統合を意識せずとも，単一のサイコセラピーを極めていくことで自然と統合化が行われていくという考え方も魅力的である。しかし問題となるのは，そういった単一理論を大切にするあまり，他の理論や考え方に対して排他的に動き，さまざまな仮説を排除していく傾向が避けがたい点である。その排他性に充分に留意し視野を狭めない歩みが肝要となる。

　一つの理論から統合性（統合的プロセスによってどう生まれたかという醍醐味）を学ぶことも可能となるのは，そもそも対人支援といったサイコセラピーの営みが，クライエントとセラピストとの織りなす綾であるという性質からくるものでもあろう。その性質こそ統合的なものである。セラピストは，自分が行うサイコセラピーの営みを自分の責任で行うことが求められると同時に，その営みがクライエントのためとなるように最大限の努力を行うこととなる。そして付け加えるならば，サイコセラピー的営みが，カウンセリング室を訪れていない人々にとっても恩恵となるように，すなわちその営みがコミュニティのものとなるような仕組みを考える必要もあろう。さらに言うならば，サイコセラピーの営みは，すべての人のもの，人類の叡智となることにも，心配りする必要があるのかもしれない。

　ところで，技法的折衷，共通因子アプローチ，理論的統合，同化的統合といった，さまざまなサイコセラピー統合理論が近年注目されている（中釜，2010）。これらの統合理論は，サイコセラピーに関する統合について論じたものである。これは，「サイコセラピー理論の統合」（表9-1）ということができる。本書でいうサイクル6モデルも，「4．サイコセラピー理論の統合」に関連するものとして位置づけられよう。

　心理専門家の業務をより広いところから眺め，総合的な心理支援として考えた場合，コミュニティ支援の5本柱（本書p.144; 表8-1，c5モデル）をどのように統合的に展開するかが重要となる。これは，「3．心理支援プログラムの統合」ということができよう（表9-1）。この統合の営みは，心理専門職の臨床心理士においては，心理アセスメント，心理面接，臨床心理的地域援助，研究活動の4業務の総合的展開としてすでに長年の実績がある。また心理専門職の国家資格として創設された公認心理師では，心理的アセスメント，心理支援，コンサルテーション，心の健康教育と表現される4業務が法令に基づき示されているところである。本書での議論は，サイコセラピーまたは心理相談，心理支援が，コミュニテ

ィ支援との関係でどう展開されていくのかという問題意識に基づいて展開したものである。

　海外においては，早い段階で国家資格が創設されサイコセラピストの役割が明確になった地域もある。それらの地域では，社会の中での心理専門職の明確な役割があり，効果的なサイコセラピーを生み出すための統合プロセスが進行しやすい環境が作られたと考えることができる。一方で，日本においては国家資格の創設が遅れたため，国民のニーズや期待に国家資格としての心理専門職が行うサイコセラピーの形を早急に考えていかなければならない段階に現在ある。その状況において，サイコセラピーとコミュニティとの関係に焦点が当たってきている（鶴ら，2018）。

　コミュニティにおける心理面に関する支援は，心理専門職のみが行う訳ではない。地域精神保健活動としてさまざまな専門家が活動するし，専門家でない市民，ボランティア等も支援を行っている。医療分野であれば医療関係者，福祉分野であれば福祉関係者，教育分野であれば教育関係者，司法・犯罪分野や，産業・労働分野の関係者など，さまざまな人々と協働することとなる。これらの協働においては，多職種連携のための技術が求められるが，その技術の基礎として，各職種が基盤とする学問がどのように影響しあって展開するかという議論が重要となる。

　そもそも人の心を支援する学問的営みは，生物学，医学，福祉学，教育学，心理学など，多分野にわたる。それぞれの分野が持つ統合的プロセス，そして分野間の相互作用や協働などが重要である。統合のさまざまなあり方について考えることが有益であろう。総力戦として人類智を支援にどう生かしていけるのかという観点である。multi-disciplinary（多学問領域的）な営みであるが，これを「1. 支援に関する学問の統合」と呼び表 9-1 に示した（元永，2010）。

　すでに述べたように，心理学は，生物学や医学との親和性が高いものもあれば，社会との関連が重視されるものもある。心理支援の実践や臨床から形作られているものもある。それらを p3 モデルとの関連で眺めることが可能である。人の心を評価して数値化することが中心の心理学もあれば，その日常生活や実際の関係性に注目する心理学もある。その人の実存や大切にしている価値，言葉にならない情念に徹底して寄り添うことを重視する心理学もある。平木（2010）は統合の今後の課題として，「心理療法以外の領域との統合」「研究と実践の統合」を挙げているが，前者は「3. 心理支援プログラムの統合」，後者は「2. 心理学の各分野の統合」に該当するであろう。そして心理支援に資する心理学は，p3 モデルで言うところの「評価対象者」としてのまなざしのみでは不充分であり，「人」

のまなざし，そして「人中心」のまなざしへの移動があることが，心理学という学問理論と実際の心理支援との関係をより意義深く検討できるのではないだろうか。表9-1にある「2．心理学の各分野の統合」の重要性がここにもある。

2．サイコセラピーをサイコセラピスト自身のものにする（個人内の統合）

表9-1に示した1〜5の統合は，結局のところその統合の考え方や営みが，ケースのためになるのか，または広く国民の期待に応えるものとなるのか，という観点から検討しなければならない。それは，統合プロセスは，すべてクライエントとセラピストとの相互作用，協働作業であるという理由からである。そしてその統合の営みが，心理支援を行う者の持つ心理支援の理論を深め，心理支援の質を高め，クライエントに資するのかどうか，が重要となる。そのような考えの中で，心理専門職の個人内の統合が進むことが，職業的発達を促進することにも資するであろう。

個人内統合とは，各個人によって多様な展開があってよいのであるが，サイコセラピー理論の生まれてきたプロセスを感じとることによって，自分とケースとの相互作用のより深い理解を生み出すのであれば，そこにサイコセラピー理論を超えたその人自身の理解の仕方が体験される。サイコセラピー理論を字面で理解したのではなく，身をもって体験的に会得したということもできるであろう。時には同じサイコセラピー理論が，あまり役立たなかった体験もするであろう。そんな時には，その理論から離反したいと考えるかもしれないし，何か見落としていることがないか思索を深めることにもなろう。これら一つひとつが個人内の統合的プロセスと言ってよい。

同じような体験はクライエント自身にも起こり得る。クライエントもさまざまな支援から多くのことを体験し，自らの理解を進め，自分を大切にする生き方を体験できるようになる。p3モデルで言うまなざしの移動が，最初はそれぞれのまなざしがばらばらなものとして感じられていたのが，それぞれのまなざしがすべて自分のものであり，みえてくるものすべてが自分の大切な一部であるという感覚も出てくるとすれば，それこそが個人内統合のプロセスと言うことができるであろう。

すでに述べたように，私自身も，知的障害者の人々との出会いを通して，コミュニティで生きることの意義を感じ，コミュニティという生活の場で心の支援を行う地域精神保健の専門的トレーニングを受け，コミュニティの営みの中でのサイコセラピーの機能と役割を臨床心理学や精神医学を通して学んだ。そして，認知症の人の支援，関節リウマチの人の支援を通して，サイコセラピーそして対人

サービスの共通要素を見出すという問題意識を持ち，現在に至っている。私の限られた経験でしかないのだが，その中で自分の行ってきたことに言葉を与える作業をしていく中で，サイクル6モデル，そしてそのコミュニティへの展開を視野においた，コミュニティ支援とサイコセラピーとの相互作用的な展開に関心を持つようになった。

このようなコミュニティ支援とサイコセラピーとの相互作用は，すでに多くの臨床実践家が行っている営みである。まなざしの移動を中心的な考え方としながら，そのまなざしの移動が，対話の相互作用の中で展開していくか，コミュニティにおける支援の中で展開していくか，さまざまな道筋があってよいと思う。私が考えるコミュニティ−サイコセラピー包括モデル（図8-6; p.154）には，そのような思いが込められている。

3．サイコセラピーをクライエントのものとするために

言うまでもなく，サイコセラピーの機能のすべてはクライエント自身に資することが重要である。その機能の効果は，クライエントの内面に生じるものであるが，セラピストの内面にも同時に生じることがまた興味深い。その同時性と相互作用性が，サイコセラピーの特徴とも言える。このことは，サイクル6モデルで示した，深まる，わかる，つながる，チームといった要素がすべて，セラピストの機能であると同時に，クライエントの内面で生じる営みでもあることからも明らかとなる。

これらの機能は，言葉を与えずとも，すでにベテランの対人支援職は行っていることであろう。我々は，これらのすでに行われている機能を，難しい言葉で定義づけるのではなく，生活に根差したわかりやすい言葉をあてはめ，言葉を超えたところにある質感を感じることを大切にし，感じたその質感を覚えておくようにすることが重要である。これらの質感的理解は，ことばを持たない乳幼児や，発達特性が際立つ人，精神病状態にある人，人格障害と持つとみなされる人へのかかわりにも資するものとなる。

なお，この質感をセラピストが認識していることは，深化プロセスに刺激されて不安定な状態となっているクライエントからの怒りや不満の表明，時に破壊的な言動に対する際にも重要となる。不安定なクライエントをささえるセラピストも同様にゆれることとなる。そのゆれを冷静にみつめ，その怒りや破壊的言動の背景にある，クライエントの自らの混乱を抱えきれず，不安や自己否定感情の圧倒され追い詰められている心情を，理解し抱え，支援に生かしていくためには，それをささえるサイコセラピー理論の存在が必要である。

　また，スーパービジョン体験を通して，その混乱をささえるあり方を見出すためにスーパーバイザーにしっかりとささえられている体験がまた重要となる。そしてセラピストをささえる側のスーパーバイザーもまた，サイコセラピー理論によってささえられている。サイコセラピー理論がここでも力を発揮することとなる。

　ところで近代的サイコセラピーにおいては，これらのスーパービジョン体験やスーパーバイザー自身がささえられた理論のあり方なども，セラピスト自身が認識し言葉にして説明できるようにしておく必要がある。これらの営みは広い意味でのセラピストをささえるチーム作りの方法でもある。たとえサイコセラピストが一人でクライエントに会っているとしても，内的なものも含めてチーム対応となっているという認識は大切にしたい。そして場合によっては，クライエント本人も家族もチームの一員として含め，サイコセラピー理論がどのように，いまここでの支援につながっているかについて，丁寧に説明することが必要な場合も出てくるであろう。これらは，近代的対人サービスとしての理論と実践の関係性についての重要な論点でもある。

4．真のエビデンスベイスドのために

　すでに述べてきたように，心の中で起きている現象に言葉を与える作業は，簡単なことではない。ましてやエビデンスを得る中で用いられる数値化は，心の中の現象のある一面を映し出すに過ぎない。エビデンスはあくまで真実の一面を映し出した投影図であるという姿勢を持つことが重要となる。それは真実とは何かということへの謙虚さ，批判的精神を持ち続けるいうことでもある。

　特に目に見えない心の中の現象について，数値化が不適切に行われ，それに基づいたエビデンスが不適切に用いられるという落とし穴に，我々は充分に気をつける必要がある。特にサイコセラピーのエビデンスについては充分な配慮が必要である。エビデンスの不適切な使用により，人間の心の変化が薄っぺらい関与で行われるという誤解が生じやすい。

　混沌とした心の現象の中で，深まる中でわかるという作業が行われる。この作業が，わかることとわからないことを分ける作業であるのだが，それは言葉と質感をもってつながるものとつながらないものとを分ける作業でもある。家族という言葉だけでは，その人の言うところの「家族」の本当に意味するところはわからない。

　わかることと分けられたわからないことについて，つながるかもしれないと感じるものと，つながらないが存在していることを感じるという分け方もある。こ

れらは言葉や概念にならないが，何かあると感じる世界であり，サイコセラピーの営みにおいては重要視される。エビデンスは，これらの営みからすると，はるかに明らかとなった世界を対象としており，このサイコセラピーの営みまでを含むことは難しい。

このようなエビデンスの限界をまず基本的にしっかりと押さえた上で，エビデンスの有効性について論じることが重要である。それは，エビデンスを真にクライエントのために，そしてコミュニティのためのものとするために重要となる。

私が大学院においてトレーニングを受けたのは，保健学専攻であったが，保健学は医学の中でも公衆衛生学のアプローチ，広く言うならば健康科学という学問であり，エビデンスに基づくという姿勢が徹底されていた。しかしその中において，精神保健という私が属していた分野は，健康科学の主力であるエビデンスに基づくアプローチでは不充分な世界である心の世界をどう扱うかが，健康科学全体からも期待されていた。

私にとって，エビデンスを示すという形で心の現象を明確にするという作業と，あいまいな混沌のままである現象に寄り添うことの両立が求められた。この両立は，臨床研究の世界ではどの分野でも求められるものであるだろうが，心の支援を扱う精神保健学の分野では，特に激しく問われることとなった。そしてある同窓生は，割り切ってエビデンスを求める世界に没入することになったし，ある先輩や後輩は，実臨床の世界にどっぷりつかり，エビデンスを出すことから遠ざかった。

この両立に関する悩みは，無駄なことなのではないのかという悩みが，私の中で30代後半まで続いた。しかしながら，その悩みが私だけではなく多くの人々に共通することを教えてくれたのが，熊倉（2012）の「残余」に関する論考で，「無限の情報から取捨選択し，一つのストーリーとして，その人を理解するのが，面接者の仕事である」という部分であった。そこでは，ストーリーからもれでる「見えないもの」すなわち残余への感性の重要性がここで強調されている。エビデンスとは，そのようなストーリーの一つ，人類共通の大きなストーリーであり，実はそこに語られていない個々のクライエントのストーリーがあることに気づくことが，臨床家としての使命であることに気づかされた。そして，人類の科学的物語としてのエビデンスと個人の生々しい生としてのストーリーとが合わなくなること，そしてその齟齬こそが，「見えないもの」すなわち残余の存在の証でもあることに気づくようになった。要するに，私の両立に関する悩みは，自然なかつ必然的な悩みであることを知り，しっかりと悩みまたその答えのない立場にそのままいることが，私はできるようになった。

　またもう一つ，言葉の投影的意味に関する考え方も，両立をめぐる私の人生にとっての大きな転機をもたらすこととなった。実はこの考え方のすでに多くの人々が指摘していることなのだが，私が強く印象に残ったのは，心理検査のMMPIの投影的意味を教えてもらってからであった。MMPIは，550個の質問項目から構成される心理検査だが，その質問の意味から尺度が構成されるのではなく，その質問に答えるという反応をする，つまり「はい」に丸を付ける行動を起こしたことが，尺度得点として検討されるという考え方である（角川，2000）。

　つまり，ある尺度の得点が高いということは，その尺度を作っている質問項目に，丸をつけるという行動を起こす人たち（丸を付けるという行動に自分を投影した人々）の傾向を示しているということであり，その尺度の質問項目にあてはまる人とは違うという指摘である。よって，尺度得点で構成されるエビデンスも，たとえば「うつ状態の人たち」ではなく，「うつ尺度に丸をつける行動を起こす傾向の高い人たち」として，そのエビデンスを検討しなおす必要が生じることとなる。

　これらを通して私は，少なくとも心が関与する領域におけるエビデンスは，真実を映し出す影の姿であると考えるようになった。その影を丁寧にたどることで，真実がみえてくるという醍醐味にも魅了される。しかし一方で，その影は慎重に考察しなければ，誤った認識を生み出す麻薬のようにこの世に広がる危なさもまた感じることとなった。

　図9-1に示すように，エビデンスは数値化された量的データとして示される。しかしその量的データでは表現されない残余が，質的データ，すなわち言葉として語られる。ただし言葉によって語られても，語ることができない心情や情念もまた存在する。そしてこれらの検討は，まさにp3モデルのまなざしの移動と類似していることがわかるであろう。

　エビデンスとして示される量的データは，まさに評価対象者としてのまなざしがあてられた結果である。生活人としてのまなざしは，日常生活の中で言葉とし

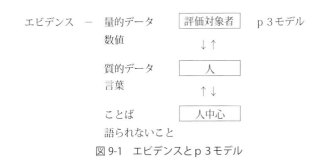

図9-1　エビデンスとp3モデル

て語られる世界に向けられる。人中心のまなざしは，より深い心情や言葉にならない世界に向けられることとなる。量的データと言葉にならない世界への注目との関係は，臨床心理学が，個人差を客観的に測定しようという流れと深層や無意識を扱っていこうという流れの歴史的展開にも，まさに投影されているのではないだろうか。

　科学者－実践家モデル（Scientist-practitioner model）とは，このようなエビデンスとエビデンスでは把握できない世界との関係を深く思考したモデルと思うのであるが（丹野ら，2015），その誤用として，狭い科学主義として言及されることがある。このような科学主義においては，科学的なエビデンスがないものは，個人的考えに過ぎない，普遍性がない，お話に過ぎないといった，サイコセラピーに対する批判がなされる。

　この狭い意味での科学主義の考え方は，ｐ３モデルにおける評価対象者としてのまなざしに固定化されていることに，私たちは気づくであろう。そして，このような狭い意味での科学主義が，サイコセラピーの歴史において時々勢いを増す時期があることに，私たちは留意しておく必要がある。

　もちろんすでに繰り返し述べているとおり，評価対象者としてみるまなざしも重要である。一方でエビデンスでは把握しえない心の現象への気づきを丁寧に持ち続けることもまた肝要となる。そのまなざしを持つことでエビデンスに基づく考え方のよさがより生きることになるであろう。ちなみにｐ３モデルもサイクル６モデルも，エビデンスに基づいて導き出された訳ではない。しかしながら，対人サービスにおけるエビデンスの位置づけを整理する上で有効なメタ理論としての位置づけを有しているのではないだろうか。臨床実践の意義や役割を，エビデンスとの関係を通して整理する一つの考え方として意義深いものと考える。

　言葉にできないことを言葉にすることに意味があるのか，非言語的世界は体験によってしか伝承されないことを論じることは危険ではないかという議論もある。このような言葉による理論化は確かに限界がある。しかしながら，エビデンスでは表されない世界に重きを置くことによって，心の支援がその質を深めることになる実践の知もまた重要である。

　まなざしの移動と聞いて連想されることに，生物－心理－社会モデルがある。このモデルとサイクル６モデルとの関係についてふれておきたい。生物－心理－社会モデルは，心の健康状態は，生物学的な要因と心理的要因，そして社会環境的要因の３つそれぞれの相互作用を通して影響を受けていることを示したものである。これは，心の健康状態を多学問から眺めること，すなわち multi-disciplinary（多学問領域的）なまなざしで考えることでもある。

表9-2　生物－心理－社会モデルとp3モデル

モデルの要素	p3モデル		
	評価対象者 Person assessed	人 person	人中心 person-centered
生物	疾病の生物学的指標	生活者としての身体活動	人類が大切にしてきた身体感覚
心理	知能・学力	日常生活を営む充実感	人生で大切なこと
社会	収入・貯蓄 労働評価 昇進	生活上の経済見通し 仕事のおもしろさ 家族団らん	世間から認めてほしいこと 仕事を通しての自己実現 家族内での大切な価値

　近年，エビデンス重視の考え方が広がり，生物領域のみならず，心理や社会の分野でも，評価する尺度で状態を測定する傾向が強くなっている。そうすると，生物－心理－社会という学問分野の軸と，評価対象者－人－人中心の軸とが，異なった次元を示すようになる。それらを表現したものが表9-2である。

　この表をみてわかるように，生物－心理－社会という多面的にある人の心理状態を把握しようとしても，評価対象者のまなざしのみでみているのならば，その人の心のある一面しか把握していないことがわかる。私たちはこのことにもっと自覚的である必要がある。なぜならば，さまざまな学問分野から眺めることで，より広くそして深く心の状態を把握できるという思い込みが，現代社会を包み込んでいるからである。多面的視点で眺めていても，評価対象者としてのまなざしから離れることができないならば，対人支援における最も重要な魂を失うこととならないだろうか。

　生物としても，心理や社会としても，すべてが評価対象者としてのまなざしが向けられる場合もあるし，逆にすべての点で，人中心のまなざしが向けられる場合もある。つまり，生物－心理－社会モデルは，p3モデルの考え方を導入することで，真の意味でmulti-disciplinary（多学問領域的）なものとなるのではないだろうか。逆に言うならば，いくら多くの学問を取り入れたとしても，評価対象者としてのまなざしに固定してしまうのであれば，心の世界に関して多学問領域的な柔軟な考察は期待できないということである。

　評価対象者（Person assessed）のまなざしは，非常に明解でわかりやすく影響力が大きいと同時に，偏見を生んだり，自分の生をせばめることにもなる。自らへの偏見を生むことにもなる。その結果として社会から孤立する，といった傾向をはらんでいることに留意したい。それを乗り越えるための，まなざしの移動という姿勢が重要となろう。どの学問にも，評価対象者としてのまなざしが重視さ

れていることに留意し，multi-disciplinary（多学問領域的）な考え方が，特に心を扱う場合には，評価対象者のまなざしのみで展開されることがないようにしたい。

　これからの人生を切り開いていこうとしているAくん（第1章）は，数字で測られる価値；学業成績，大学の社会的評価，学部や学科の一般的イメージ，将来予想される年収，世間からみての自分の優劣，といったわかりやすい世界観から，わりきれない言葉で説明しにくい価値；自分の嗜好，家族が求めている価値，あこがれ，より深い楽しみ，わくわくする知的体験，身体感覚，といった世界に取り組み始めているということもできる。その取り組みこそ，既存の学問体系にとどまらない学際的な multi-discipinary（多学問領域的）な考え方につながると考える。

　この multi-disciplinary（多学問領域的）な考え方は，表9-1に示す「1．支援に関する学問の統合」に該当する営みで典型的に行われる。これは学問間の統合的なまなざしを見出す営みであると同時に，異なった学問が相互に点検し合うという，違いが大切にされる統合的営みということもできよう。医学，看護学，福祉学，教育学など，それぞれの学問の重きをおく所が異なるからこそ，クライエントの支援の最適化を進めることができる。

　ところで，表9-2の生物の要素の人中心のまなざしにおいて，「人類が大切にしてきた身体感覚」とはどのようなものであろうか？　これは，人類が数十万年前に誕生してから生き延びてきた進化の中で重要であった身体感覚ということができよう。これは例えば，受験生のDくんの「試験あがり」の基にあった「がんばりの力」が，人類が危機に向き合いそれを脱する時に用いた身体感覚と関係しているという仮説にもつながる。その身体感覚が生物学的に組み込まれていたからこそ，数十万年かけてアフリカからこの東洋の島国に人類が到達し，我々は今をここで生きているのかもしれない。

5．サイコセラピーの多様性と一貫性

　統合することによってサイコセラピーの多様性が失われることには留意する必要がある。そもそもサイコセラピーは多様でよいのではないだろうか？　統合すると窮屈になるという意見もあろう。多様な支援の理論があって，多様な中から自然と淘汰されていく自然な流れに任せればよいとの考え方もあろう。さまざまな理論が併存する多様性が重要であり，統合によって一つにまとめようとすることに無理がある。統合しないあいまいな関係が意義があるのではという主張もある。

　また，統合という考え方もつきつめると，新しい理論がまた一つできるだけなのではないか，統合したものが固定的な理論を形成することになり，結局は新しい理論が一つ増えるだけではないか，という意見もある。さらに，統合された新しい考え方の導入で現場が混乱することとなるし，新しい考えがこれまでの考えと対立してクライエントのためにならないのではないかとの主張もあるだろう。

　しかしながら，多様性といっても，どんな考え方でもよい訳ではない。多様性といいながら，ある考え方の枠から抜けられないことも実はよく起きがちではないだろうか。少なくとも，そのような多様性のわなに対して自覚的であることの方が，より深い多様性への議論につながると考える。p3の議論は，多様性の中にあるサイコセラピーが大切にする世界を考える上での一つの軸を示している。多様性というより情報過多の洪水の中で，わかりやすい過激で極端な言葉に無批判に頼ってしまうという現象が生じやすくなっている。そのような環境下において，多様性の中で自分の考え方を熟成させる，そしてクライエントとのかかわりを深化させる，そのためのメタ理論としての統合的な考え方が求められている。統合プロセスとしてみることで，多様な理論の関係性をクライエントとの営みの中で見出すことができるであろう。

　統合しようと無理をするならば，それは窮屈で意義の少ないものとなろう。しかしさまざまな理論の形作られたプロセスに統合のエネルギーを感じ，その統合への営み自体が，クライエントへの支援に資することを感じ取っていけるのであれば，統合的なまなざしが，クライエントに資することになり得ることに気づいてもらえるのではないだろうか。統合的な営みによってクライエント支援に役立つ知見が得られるのであれば，それは混乱ではなく新しい共通の価値の発見である。それは，クライエントにとってそして専門家にとって喜ばしいことであろう。しかしそれらの知見は決して無から生まれたものではなく，これまでの多くの先人たちの知見の蓄積の中から生まれたことを，私たちは充分に認識する必要があるし，深い感謝の念も持つ必要がある。すなわち統合的営みとは，過去の知見への最大の尊敬の念に基づく行為ということができる。

　統合の議論をしなくても，一理論を徹底することで深い世界がみえてくるのではないか。二兎を追うもの一兎を得ずという言葉もある通り，多くのものを追い続けると得るものがなくなり，サイコセラピーの効果が減ずることにもなりかねない，すべてが中途半端になり何も身につかないとの指摘もあろう。人はそんなにさまざまな要素を統合して考えることはできないのではとの素朴な疑問もあろう。また，一つの理論を信じることを怖がる心理があるのではとの意見が突き付けられることもある。

　しかしながら，一つの理論として明確なものと思われていた概念が実は多義的であることもまた事実である。起きている心の現象全体を，一つの理論のみで補足することは極めて難しい。なぜならば補足のために用いる言葉自体が多義的であるからである。にもかかわらず，概念が整理され形作られるプロセスをなぞることで，私たちはその概念の奥深い部分を感じ取ることができる。そのプロセスこそ統合のプロセスである。つまり統合的な考え方とは，統合された結果を重視するのではなく，統合しようとする営みそのものを感じその営みの方法から学び自分の学び方を歩み方を身につけていこうという姿勢のことである。コミュニティや対人サービスとの織りなす綾を含めていくためには，一理論のみでは不十分である。多様な理論があることがコミュニティでの支援に寄り添う営みになると思う。

　ところで，クライエントとのかかわりでまなざしが移動すると一貫性がなくなる（ケースに巻き込まれる）ことが実際には起こる。場当たり的な対応が続いてしまい，何を大切にしているかがわからなくなる。統合にもさまざまな形があり，統合することで無理に一貫性を持たせようとするならば，それはクライエントのためにならない。または統合により，何でもかんでも受け入れてしまい基準がずれてしまうことは，結局は混乱を招くことになりかねない。だからこそ，統合的営みに関するメタ理論が必要となるのである。柔軟性がクライエントに資するものとなり，一貫性のなさとして混乱をまねかないものとなるための統合に関する理論が必要となるのである。そしてそれは，あらゆるサイコセラピー理論が取り組んできたことと何ら変わることのない営みであろう。

6．サイコセラピーを対人サービスのものとするために

　コミュニティ支援に関連したc5モデル（表8-1）の対象範囲を広げ，対人サービスとしての5本柱として，その中の営みの一つとしてサイコセラピーを位置付けることもできる。たとえば，住民の健康サービスとして5本柱を位置付けると，個別の健康相談，家族からの健康相談，集団健康診断や健康教育，急な体調不良に対する救急対応，これらの住民健康サービス体制の構築といった形である。これらの住民向け健康サービスの中で，サイコセラピーの営みを位置付けていくことになる。これは，コミュニティサイコセラピー包括モデル（図8-6）を，広い意味での対人サービスも含めて統合的に検討することであり，サイコセラピーの対人サービスとしての統合性の考え方を深めていくことでもある。このような展開は，サイコセラピーが社会の営みの中でどう位置づけられるかという営みと重なり，サイコセラピーを国家資格としてどう位置付けるかという重要な作業と

もなる。

　このことについて，私は大学受験予備校における心の支援サービスが，学校サービスの一つとしての位置づけられてきた歩みの中で実感してきた。たとえば，受験生の保護者を対象としたアンケートにおいて，ほぼ100％の割合で，学校にカウンセリングは必要という意見が出されている。これは1995年に始まったスクールカウンセリングの営みが，四半世紀かかって定着してきたことを示している。そして，学校において行われる教育サービスにおいて，心の支援サービスが，教育分野における支援サービスの一つとして行われていることが社会に定着していることがわかる。これらはチーム学校の検討において重要な視点になる（日本学校メンタルヘルス学会，2017）。

　これらのことは，学問間の統合の議論においても重要となる。医学や福祉学，教育学など，他のさまざまな対人支援学においても主要なテーマとなっている。その中で共通する視点は，学問間の統合を，対人サービスを受ける本人のためのものとするという点である。本人のためという姿勢は，職業倫理そのものでもあるし，professional のあり方の本質的議論である。諸学問の特徴，重心の違いを熟知する中で，学校におけるサービスが展開される，今の日本の状況について，私たちは充分に意識的である必要がある。

　同じことが，心理学と福祉学のまなざしの共通部分と相違部分とがテーマとなることがある。たとえば，コミュニティへの活動の展開は，ソーシャルワーカーの仕事ではないかという考え方がある。よりふみ込んで，サイコセラピーは相談室の中で行う行為であり，相談室の外での活動は，サイコセラピストとしてのアクティングアウトではないか，すなわちサイコセラピストが相談室内で取り扱えなかったことを相談室外で何とかしようと行動することなのでは，という指摘もある。相談室外で行うことを増やすとサイコセラピストとしての腕が上がらない，サイコセラピストは相談室内で勝負すべきであるという批判もある。

　これらは専門職の基盤となる学問の重心の置き方の違いから生じているある意味重要な論点であり支援を洗練させるためにぜひ考える糸口にしたい。しかしもし，この考え方を思考停止して受け入れるとするならば危険な考え方となる。率直に言うと，そのようなことを言っていられない時代に差しかかっていると私は主張したい。心理的支援を担うものとしての社会的責任について，我々はより自覚的である必要があろう。サイコセラピーの営みを，社会の最も良い形で還元していくためにはどうすればよいか，より踏み込んだ検討が必要である。

　ちなみにすぐれたソーシャルワーカーはサイコセラピスト的である。逆に，すぐれたサイコセラストは，ソーシャルワーカー的である。対人サービスの担い手

は，ベテランになるほど統合的になるというのが，私に限らず多くの対人支援の専門家の感じているところではないだろうか。

　同じような議論が，サイコセラピーは心理学かそれとも医学かという点において必要とされている。一つの極論としては，サイコセラピーは医行為であるので，心理職が行うサイコセラピーは，診療補助職としての行為であるという主張がある。この主張が，サイコセラピーの multi-disciplinary（多学問領域的）な性質をみようとしない立場からのものであることは明らかである。そしてこの立場が，人類の営みの多様性を無視し，医療という考え方で多くのことを説明しようとする，いわゆる「医療化」という思考様式の一つとして認識することもできよう。

　すでに示したように，精神障害における「障害」の 3 つの意味，すなわち，impairment と disability，そして disorder の中で，disorder として精神障害を位置づけ，本来であれば福祉が必要な状態であるのに，医療で対応しようとし，その結果として長期入院がもたらされた，という歴史を思い起こしたい。「医療化」の動きはさまざまな分野で生じるのであるが，サイコセラピーという心の支援においても，その圧力が継続的に生じていることに，注意喚起する必要があろう。

　もちろん，サイコセラピーのある部分が，医師の行う治療行為の領域に影響を及ぼすことへの考察は重要である。そのためにも，医学も含めた multi-disciplinary（多学問領域的）とはどういうものなのかについて考えを深める必要があろう。

7．サイコセラピーをコミュニティのものとするために

　サイコセラピーは，密室で行われる厳密な守秘の中で行われるものとして発展してきた。職業倫理としてこの姿勢は現在でも重要なものである。一方，心の支援としてコミュニティを眺めてみると，さまざまな心の支援に関するリソース（資源）が生まれてきているのも事実である。そして，相談室に来談しないケースに対してどのように心理支援を届けるかといった議論も活発化するようになったことは，すでに第 7 章，第 8 章で議論してきた。そして心理支援の営み自体が，コミュニティとの密な相互作用の中で行われていることや，サイコセラピーの統合的な営みの中でコミュニティとの関連を意識することでその支援の質を上げることができる可能性について論じてきた。

　たとえば，p 3 モデルにおいては，すでに日常生活の場（コミュニティ）において，深い心情や大切な価値観へのまなざしを感じる機会があることを指摘したが，そのまなざしに気づかなかったり，そのまなざしを大切なものとして心の中に深くとどめることができないコミュニティ環境があるならば，その p 3 モデルに示すまなざしの移動は不充分なものとなる。そのような場合，サイコセラピー

において，まなざしの移動をすでに生活の場で体験していることに気づいてもらうだけでも，意義深い体験となるであろう。コミュニティがすでに行っていることを発見するという作業である。

　そのように考えるならば，サイコセラピー理論とは，すでに人類が生活の場で行っていることに気づくこと，そしてその中でその人の幸せにとって有益である営みをしっかりと共有し，心と身体が覚えておく体験を面接の中ですることを目指すという観点から見通してみることも有効ではないだろうか。

　たとえばサイコセラピーにおいて，何もしないことの意味を，コミュニティとの関連で考えることも重要である。何もしないことを通して，本人の変化にまかせていくことは，サイコセラピーにおいて重要な営みであると考えるが，本人の内面での変化は，コミュニティとの相互作用の変化となって表れることもある。たとえば，対人緊張のためにつねに周囲の人の視線が気になっていた人が，自分が考えるほど人は自分のことを気にしていないことに気づき，そう思って少し余裕ができたら，世間話をする友だちが近くの席にできたといった変化である。

　このような変化は，本人の力（内的リソース）を本人が活用することができた，と表現することもできるし，コミュニティにまかせていくことでコミュニティ（外的リソース）が本人の力を引き出したと考えることも可能であろう。コミュニティがすでに持っていた力を本人が気づいて利用することができたということもできる。もし心理専門職が，そのコミュニティの持っている力を普段から観察し熟知しているならば，コミュニティにまかせていく，またはコミュニティの持っている力に本人が気づけるように働きかけるかかわりをより丁寧に行うことができるであろう。学校コミュニティを熟知したスクールカウンセラーの行う心理支援の醍醐味はここにもある。

　学校コミュニティで考えるならば，担任も同じように，学校コミュニティの持つ力を活かすかかわりが可能となる。それらは，子どもたち自身が持つ育ち合う力を引き出すと言われるもので，クラス運営の腕の見せ所でもあろう。上手な先生たちは，この子どもたちが持っている力を充分にわかっており，その力が発揮される機会を見逃さないであろう。

　サイコセラピーが密室において行われる歴史を持つ大きな要因の一つは，相談室を訪れるクライエントが，コミュニティによって大きく傷つき，その影響に怯え，救いを求めて相談する流れがあることには注目すべきである。そうすると，サイコセラピーにおける初期の重要な作業は，相談室がコミュニティから脅かされない安全な場であることを保証することである。そのためには徹底した守秘の姿勢が重要となる。

　初期の作業の中で，信頼関係が築かれてくると，本人とコミュニティの間の多様な相互作用が見えてくる。それらの相互作用を丁寧に追いながら，コミュニティにおけるリソースにまなざしを向ける作業が行われることとなる。コミュニティにおける心理支援の営みは継続すると，コミュニティにあるリソースやコミュニティでうまく機能していない部分などが見えてくる場合がある。

　そもそもコミュニティとは，さまざまな価値観を有した人がいる場である。その多様性の共生が重要である。サイコセラピーの営みとは，単一の価値観に基づいた生き方にとどまらない多様な生き方を尊重することでもあろう。多様な価値観がせめぎ合い，そのまとまらなさにそのまま寄り添うことが求められることもある。そのようなコミュニティを体験しているクライエントに統合的まなざしをもって支援を展開する方法が求められる。

　第8章ではサイコセラピーのプロセスからコミュニティへの展開について論じたのであるが，このようなコミュニティへの展開が進むと，サイコセラピストがコミュニティチームの一員として位置づけられ，コミュニティをエンパワメントする役割を担えるようになる。コミュニティリテラシー（コミュニティにあるリソースを生かしていく力）を育てる立ち位置を持つことにもなる。これはコミュニティにおいてみんながみんなをささえるように，コミュニティを耕すと表現することもある。

　この営みは，コミュニティ支援とサイコセラピストとの統合的展開であり，図8-6のコミュニティサイコセラピー包括モデルの成熟した姿でもある。臨床心理士がスクールカウンセラーとして，学校コミュニティに対して行ってきた活動そのものでもある。そのようなサイコセラピーのコミュニティへの自然な形での影響にまなざしを向け，クライエントのコミュニティを耕す力に注目したプロセスを示したのが，図9-2である。サイコセラピーが対人サービスの一つとして展開され，対人サービス全体が活性化される。そしてその営みが，コミュニティの力を引き出すように行われることでコミュニティが耕されて，コミュニティの持つ力がより発揮されるようになる。つまり，対人サービスとしてのサイコセラピー

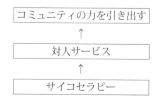

図9-2　サイコセラピーがコミュニティを耕す

の営みを意識することだけでも，コミュニティが活性化されるということである。

　サイコセラピーの営みが，それだけでもコミュニティ作りと連動するという考え方は重要である。コミュニティデザインや，まちづくりという発想にもつながる。なおコミュニティ作りの考え方は，元永（2010）を参照してほしい。

8．公認心理師という国家資格と統合化のまなざし

　心理専門職の国家資格を法令で定めた公認心理師法は2015年9月に成立し，2017年に施行され，2018年9月に第1回試験が実施され，2019年に入ってから公認心理師としての登録が始まった。公認心理師はその業務にも示されているように心理支援を行う専門職であるが，この法律の成立にあたっては，それまで心理支援を行う専門職として30年近い実績を有する臨床心理士はもちろん，心理学に関する諸学会も広くこの国家資格成立に貢献した。このような大きな統合という流れの中で国家資格が誕生した。

　これらのことは，公認心理師が，特定のサイコセラピー理論や限定された心理学領域に基づいて作られた資格ではなく，国民からの期待やニーズに応えるために，これまでの心理支援のあり方を大切にしていることを示している。また，臨床心理学をはじめとした心理学の考え方を柔軟に取り入れて，本当の意味で国民のためになる活動が，公認心理師に求められていることを示している。

　理念的にはそのようなことが重要と考えるが，実践現場からはさまざまな課題が突き付けられている。たとえば公認心理師の法的義務として多職種連携がうたわれているが，これは「1．支援における学問の統合」（表9-1）の営みでもある。公認心理師養成において大学学部において25科目の履修，大学院で10科目の履修が求められているが，学部25科目のうち，8科目ほどは，心理学研究法，心理学統計法，心理学実験，知覚・認知心理学，神経・生理心理学などの，直接には心理支援と関係しない心理学の基礎領域に関する学問である。これらの基礎的心理学が，心理支援の実際にどのように貢献するのか，また心理支援の実践からこれらの基礎的心理学がどのように啓発され深まることになるのか，「2．心理学の各分野の統合」（表9-1）の営みが求められよう。

　ここで一つ強調したいのが，心理学自身が持つ多様性と統合性についてである。心理学は，人の心を科学的方法を用いて理解していく営みと言えるだろうが，その科学的方法は，しばしば数学や化学，生物学，医学といった他学問で開発されたものであったりする。また，心理学で得られた知見が他の学問領域で活用され発展するといったこともある。そのような心理学自体のアイデンティティがゆれている状況において，その心理支援の専門職としての公認心理師にどう学問が貢

献するか，重要な局面を迎えていると考える。くれぐれも学問の存続のためだけに，国家資格を利用するといった，国民目線から逸脱した動きが起きないよう，私たちは注視する必要があろう。

　臨床心理士といった心理専門職の実績を引き継ぎ，公認心理師は各分野において活動をしている。保健医療や福祉，教育，司法・犯罪，産業・労働の5分野等であるが，それぞれの分野で，個別の相談に限らずコンサルテーションや心の健康教育，そしてそれらの活動を基盤から支える心理アセスメントも行う。これらの業務をどう展開するかは，各分野の勤務する組織，そして支援の対象であるコミュニティ，そして支援対象のケースによって，包括的に展開する必要がある。そしてその営みは，「3．心理支援プログラムの統合」（表9-1）そのものと言えよう。

　すでにふれた通りであるが，公認心理師の心理支援に関する初期教育として，特定のサイコセラピー理論に基づく心理アセスメントと支援計画の策定，心理支援，そして評価の実地教育を行うべきではない。必ず複数のサイコセラピー理論に視野を広げた実地教育を行いたい。また，複数のサイコセラピー理論の共通部分の教育と，複数のサイコセラピー理論の長所と短所なども伝え，トレーニングを受けている院生自身が，複数のサイコセラピー理論をどのように学んでいけばよいか，またそれらを統合的に理解してどう総合的に学ぶかが重要となろう（平木，2017）。そのためにも，「4．サイコセラピー理論の統合」（表9-1）は大切な営みとなろう。

　そして表9-1の「5．個人内の統合」は，臨床心理士が目指してきたことでもあるし，公認心理師においても重要な営みとなろう。国家資格となったことで公認心理師への期待が高まっている。国民の期待はもちろんのこと他職種からも期待や要望が寄せられている。しかしこのような局面だからこそ，公認心理師は何でも屋ではなく，できる範囲やできないことをしっかりと分けることができ，最も本質的に大切にしている価値は何かを見極めることが求められることは言うまでもない。

9．ゆれること，貫くこと

　繰り返しになるが，サイコセラピーの営みとは，人生において大切なことを見出すプロセスと言うことができる。クライエントの人生を眺め大切な事柄に重みを感じていくこと，そしてその作業はサイコセラピストにとっても自らの人生にとって大切な事柄の重みを感じていく営みでもある。言葉を変えていうならば，自分の人生において大切にできなかったことと向き合うこと，向き合うことがで

きなくても，向き合えなかったことを誰かと共有することといえよう。

　エリク・エリクソンは人生の心理社会的発達という難題に対して，老年期において人生の統合という提案をしているのであるが，その人生の統合とは，さまざまなことを思い出し味わい，考えて，人生において大切なことを絞り込む作業ということができるとも思う。その意味では，統合化とは純粋化と同じ営みであったのかもしれない。フロイトの統合的営みは，その人生の最終段階において，純粋化の方向に向かっている。そしてその統合的営みは，偉大な人であればあるほど亡くなった後にも後進の人々によって引き継がれることになる。それは，巨人が亡くなった後に集ったコミュニティが持つ役割でもあるのかもしれない。

　先人たちとの対話，そしてクライエントとの対話を通して，サイコセラピーをよいものとしていくための気づきを，私なりに可視化することを積み重ねた。サイコセラピーの営みは複雑であり，情報過多の中で混沌とするものであるが，コミュニティにおける対人サービスとしての統合的営みとして整理しようとこの本で私は試みた。

　思えば，私の人生そのものが，まなざしの移動の繰り返しであった。そのまなざしの揺れの中で，現実を生きる自分の生をみつめ歩むことができたとも思う。一対一のサイコセラピーの緻密な関係から，学校や地域社会といったコミュニティ，そして社会の価値観といった大きな存在に関与することにもなった。そのゆれ，すなわち個人対個人への微視的なまなざしから，コミュニティや社会への俯瞰的なまなざしまで，大きく変化しゆれ動くことは，私にとって大きな醍醐味でもある。それらのことが，その人（クライエント）のためにというプロフェッショナリズム（専門性）として確立していくことが重要である。そして本書は，そのことを求め続ける旅の途中の一節である。

　文　　献

土居健郎（2007）「甘え」の構造［増補普及版］．弘文堂．
平木典子（2003）カウンセリング・スキルを学ぶ─個人心理療法と家族療法の統合．金剛出版．
平木典子（2010）統合的介入法．東京大学出版会．
平木典子（2017）［増補改訂］心理臨床スーパービジョン．金剛出版．
角川雅樹（2000）MMPIとその投影的側面について．最新精神医学，5: 125-132．
神田橋條治（1990）精神療法面接のコツ．岩崎学術出版社．
熊倉伸宏（1993）「甘え」理論と精神療法─臨床における他者理解．岩崎学術出版社．
熊倉伸宏（2012）面接法2．新興医学出版社．
森俊夫・黒沢幸子（2015）心理療法の本質を語る─ミルトン・エリクソンにはなれないけれど（森俊夫ブリーフセラピー文庫1）．遠見書房．
元永拓郎（2010）新しいメンタルヘルスサービス．新興医学出版社．
村瀬嘉代子（2001）子どもと家族への統合的心理療法．金剛出版．

中釜洋子（2010）個人療法と家族療法をつなぐ―関係系志向の実践的統合．東京大学出版会．

日本学校メンタルヘルス学会編（2017）学校メンタルヘルスハンドブック．大修館書店．

大村智（2016）人をつくる言葉．

丹野義彦・石垣琢麿ら（2015）臨床心理学．有斐閣．

鶴光代（2018）心理専門職の連携・協働．誠信書房．

山上敏子（1990）行動療法．岩崎学術出版社．

エピローグ

「先生がこの本で取り組みたいと思ったことは，サイコセラピーとコミュニティ支援とを統合的に説明することなのだけれど，その作業を行うために，共通のことば（言葉）を用いる必要があって，その作業が第1章から第6章であることがよくわかりました」

いきなり鋭く切り出され，少しびっくりした。

「ありがとう。そう，この本のコアの意図をしっかりと読み取ってくれて，うれしいよ（涙）」

「それらが第Ⅰ部としてまとめられているのですよね」

「そうなんだ。そして第Ⅱ部として，第7章はその共通のことばを使ってサイコセラピーを描き，第8章は，その共通のことばで，サイコセラピーとコミュニティ支援のハーモニーを歌ったのだよね」

「歌にしては，文字が多かったかな」

いたずらっぽい切込みであったが，少しまじめに返した。

「どうしても，説明しようと力みがあったね。ただ，そもそもそのハーモニーにふれることを意図してこの本を書き始めた訳ではなかったのだよ。だけど，サイコセラピーを広く見渡すために，各サイコセラピー理論を横断するようなことばを紡ごうと腐心していたら，コミュニティ支援の営みとも共通することばとなることに気づいたのだよ」

実際そのような執筆の過程をたどったのだ。

「その展開は意味深いですね」

「でも，ちょっといいですか。そこで使われていることばは，"まなざし"にせよ"深まる"にせよ，日常のことばですよね。わかりやすい一方で，その意味するところを，感覚的に共有できているのかどうかが，ちょっと難しいですね」

「そう，さすがサイコセラピスト！　共通のことばだから，当然日常使われていることばを選ぶことになったのだけれど，日常使われていることばだからこそ，多義的なんだよね。だから，そのことばのニュアンスの範囲が正確に伝わるものなのか，その精度が洗練されていない」

「でも，そのことばの意味する範囲の難しさって，私たちがサイコセラピーの中で常に直面していることでもありますね」

「その通り！　だからこそ，ダイアローグによって，そのことばのあいまいさを，クライエントとセラピストが協力しながら，乗り越えようとしていく営みが重要なのだよね」

「そうか，それで，この本では，プロローグやエピローグで，対話（ダイアローグ）が記載されているんですね」

「この本の構成に賛同する発言を，どうもありがとう」

「どういたしまして」

少し話が戻る。

「ちょっといいですか。さっきの話の続きですけれど，いろんな意味を持つ日常のこ

とばの"わかる"とか"つながる"とか，サイコセラピー理論の厳密な議論の積み上げからすると，あまりに単純化し過ぎのような気がしますが，そんなことでよいのでしょうか?」

「質問ありがとう。そこが誤解されそうで心配だったので，聞いてくれてうれしいよ」

ここは重要なポイントだと思う。

「"わかる"って表現すると単純化しているようにも思えるけれど，より正確に言うと，サイコセラピー理論において，"わかる"営みって，本当にたくさん提案されているし，書物が何冊も書かれるように膨大な蓄積があると思う。でも，それらを常にすべてを活用しながら面接を進めているかというとそうではない。そもそも人間が瞬時によって立つ考え方って，そんなに複雑で量の多いものではないと思う」

「たしかに，たくさんの知見を，常にすべてをサーチしながら面接している訳ではないですね」

「しかしながら，膨大な施策の歴史を瞬時に思い出せるキーワードを持っていれば，そのことばを手がかりにして，膨大な先人の蓄積や自分の経験も含めてだろうけれど，それらをライブのかかわり中で参照して，その質を洗練させることができると思うんだよね」

「確かに私たちは，日々の臨床の中では，いちいち学んだことをすべて検討しながら，対話している訳ではないですよね」

「一つひとつ考えて納得しながら進める面接もあるかもしれないけれど，毎回の返答に30秒も1分もかけられない訳で……」

「直感で瞬時に判断していることの連続です」

「そう，だから，いろんな意味を含んだ大切なことばを頭の片隅にというか，身体に体験的にしみこませておくことで，そのセラピストとしての質を保とうという感じなのだよね」

「つまり，"わかる"って言っても，単純化して内容が貧弱になるということではなくて」

「そうそう」

「"わかる"に含まれる本当に多様な深い意味を把握しながら，かかわりを豊かにしていく営みが，"わかる"ということばにこめられているということでしょうか」

「その通り」

少し間があいて，独り言のようにつぶやいた。

「でも紙上での対話だから，ことばの持つ質感が伝わらないという点は，どうしても仕方がないかもしれないかな」

ここは，本の限界にはふれざるを得ない。

「質感が伝わりにくいっていうのは，先生が言っていた共視が難しいということとも関係しますね」

「すばらしい指摘だ。いわゆる共視が成立するためには，その土台に一緒に眺める二人の間に深い信頼関係があることが重要なんだよね」

「母子関係がその根本にあるということですね」

「読者が，本を書いている著者との間で，質感を持って共にみることって，やっぱりかなり無理な話なのかなー」

ちょっと嘆きが入った。

「でも，読者であるサイコセラピストは，それぞれのサイコセラピーの営みの中で，対話によって変化することばの力を，日々体験していると思うので，ことばの色合いってものを，それぞれの臨床実践の経験と照らし合わせて感じ取っていくのではないかと思います」

「そう思う。私も，この本に書かれていることのいくつかは，すでにサイコセラピーの中で感じていることだったりして，改めて気づきを再発見することにもなって，うれしく思いました」

「考えてみれば，ケースカンファレンスやスーパービジョンでは，そのようなことばの大事な質感を肌で感じることも多いです。本で学んだ難しい考え方が，わかりやすい対話の中で，そういうことか！と気づくこともあるし。似たような体験をこの本を読みながらしました。すでにある知識の地層から発掘されたような感じです」

「ありがとう。再発見とか発掘ということばを浮かべてもらえるのは，この本の感想として最高のほめことばだ」

セラピストたちの語りは続く。

「私は，自分のことばで自分の行っているサイコセラピーをわかりやすくクライエントに，そして自分に，また周囲に伝えられるようになることが，重要だと感じました」

「そう，その思いこそが，フロイトやロジャーズと言ったサイコセラピーのフロンティアがやってきたことそのものだと思う。そしてそれは，サイコセラピーの統合的営みの本質だね」

「それこそ，サイコセラピーは統合を追い求める，希求するということですね」

「その通り」

「サイコセラピーの追い求めるものって，教科書の中にあるのではなく，私の中にある……」

「そう，もっと正確に言うならば，クライエントとサイコセラピストの間にあると言うことだろうね」

「そんな風に，臨床実践の現場にあると考えると，サイコセラピーの本をもっと気軽に楽しんで読んで，その読んだ感じとともにサイコセラピーに取り組もうと，感じています」

「そのサイコセラピーの学び方の語りを，ぜひとも，これから心理専門職を目指す学生たちにぜひとも聞かせたい」

「そこは先生の仕事でしょうから，私たちに頼らずに，しっかり授業をしてください」

「はい，わかりました。でも実習とかではどうぞよろしくお願いします」

実は，今は実習先をどう開発するかで，大学の教員たちは大わらわなのである。

「何か，うまく実習を引き受けるように持っていかれた気もするけれど，あずかった実習生に伝える時のことばを，サイコセラピーの営みと共通のことばとして紡いでいけば，サイコセラピーの営みと，面接室の外での心理職の営みとの統合的展開にもつなが

っていくかもしれないですね」
　「それこそが，この本で取り組んでいることなのだよね。初学者の教育のポイントであることがよくわかるなー。ぜひともがんばって」
　（3人とも声を合わせて）
　「だから，それを先生がまずしっかりとやってください !!!」

あとがき

　本書執筆の動機の一つは，2010年に上梓した『新しいメンタルヘルスサービス』においてふれなかったことを記そうという私個人の思いによるものである。前著において，私はあえてサイコセラピーについては論じることをしなかった。サイコセラピーという営みの外側にある社会的な活動について記したかったからである。その後ほぼ10年の月日が過ぎたのであるが，その間の大きな出来事の一つが，公認心理師という心理専門職の国家資格の誕生であった。このことは相談室内外での心理職の活動のあり方について大いに考えさせた。公認心理師という新しい資格については，国民の多くの期待が寄せられる中，心理専門職の本質とは何なのかということが厳しく問われることにもなった。心理専門職の営みの本質について議論するために，本書を世に出したいと強い思いを持つに至った。

　しかしながら繰り返しとなるが，ここで述べたことの多くは，すでに先人たちが述べてきたことをなぞったことが多い。その意味で，本書に記されたことに対してそれはすでに聞いたと感じることがあれば，それは正しい認識と言わざるを得ない。

　それらをふまえつつ，膨大な情報の洪水の中で，その本質的で重要なメッセージが充分に認識されないまま過ぎていないか？　ということが，本書の投げかけである。そして，サイコセラピーとコミュニティ支援をつなげることばや考え方の展開に寄与することが，私のめざしたことである。それらの営みの中で，読者の臨床をぐっと洗練させることばや考え方を本書から見出し，それを胸に抱いて明日からの臨床実践に役立てていただければ，それこそが私の本望である。

　個性的な本を出していきたいという山内俊介氏の言葉にひかれ，ぜひとも遠見書房で出版したいと考えた。いざ書き下ろしてみると，個性的書物となったかどうか自信がない。しかし，私の心理専門職としての歩みもふまえた私にしか見えないであろうサイコセラピーの俯瞰的まなざしを，自分自身が書きながら楽しめたことは収穫であった。

　ここで名前を挙げることはしないが，諸先生方，先輩，後輩，院生，同僚，学生，コミュニティで共に働く皆さん，そして何よりクライエントとご家族，すべての方々との出会いがこの本を形作ることにつながった。心より感謝申し上げます。生活を共にする妻と息子，実家で生活する母も私を勇気づけてくれた。そして，人生の統合の姿を身をもって示してくれた亡き父に，そして兄に，この本を

ささげたいと思います。

　新型コロナウイルス感染症の影響で，すっかり日常の風景が変わっている。特に，質感を持った対話を大切にするサイコセラピーにとっては，難しい状況になっていると思う。この感染症が心の不調にどのような影響を及ぼすか，まだまだ全容がみえない状況ではあるが，いかなる事態においても，その人の生にしっかりと寄りそい続けようとするサイコセラピーの営みには，忠実でありたいと思う。

　この書で示したように，私の歩みはほんの小さなものにすぎないが，読者の皆さん自身のかけがいのない心理専門職としての歩みが重なり，サイコセラピーをめぐる対話が，時代を超えて続くことを願う。その営みの中からサイコセラピーの本質に近づく言葉をみいだし，それをまた手がかりに，この魅力的でしかししばしば困難さにぶつかる心理専門職としての醍醐味を味わっていただければ，私にとってこの上もない喜びである。

　統合の結果が重要ではなく，統合のプロセス，統合によって何を見ようとしたか，そこに本質がある，そしてそれは私たち一人ひとりの今の歩みそのものであり，クライエントとの関係そのものである。さあ，明日もその旅にクライエントと共に出よう。先人たちが，そして私たちがこれまでやってきたように。

　2021 年 4 月吉日

元永拓郎

索　　引

元永拓郎（もとなが・たくろう）

1963年，宮崎県生まれ，帝京大学文学部心理学科教授，帝京大学心理臨床センター長，臨床心理士・公認心理師。

1991年，東京大学大学院医学系研究科保健学（精神衛生学）専攻博士課程を経て，博士（保健学）。

駿台予備学校，日本外国語専門学校でのカウンセラー，帝京大学医学部精神科学教室助手，帝京大学文学部心理学科専任講師，准教授を経て，2013年から現職。

日本公認心理師協会常務理事，日本公認心理師養成機関連盟理事，日本心理臨床学会理事，日本学校メンタルヘルス学会理事，日本精神衛生学会副理事長。

主な著書：『受験生，こころのテキスト』（共著，角川学芸出版，2006），『新しいメンタルヘルスサービス』（新興医学出版，2010），『明解！スクールカウンセリング』（共著．金子書房，2013），『心の専門家が出会う法律［新版］』（共著，誠信書房，2016），『公認心理師の基礎と実践㉓：関係行政論　第2版』（編著，遠見書房，2020），『学校メンタルヘルスハンドブック』（編集委員・日本学校メンタルヘルス学会編，大修館書店，2017），『心理臨床における法・倫理・制度─関係行政論』（共著，放送大学教育振興会，2021）

サイコセラピーは統合を希求する
──生活の場という舞台での対人サービス

2021年5月30日　第1刷

著　者　元永拓郎
発行人　山内俊介
発行所　遠見書房

〒181-0002 東京都三鷹市牟礼6-24-12
三鷹ナショナルコート 004
株式会社　遠見書房
TEL 0422-26-6711　FAX 050-3488-3894
tomi@tomishobo.com　http://tomishobo.com
遠見書房の書店　https://tomishobo.stores.jp

印刷・製本　モリモト印刷

ISBN978-4-86616-123-5　C3011

家族心理学──理論・研究・実践

ソバーン＆セクストン著／若島・野口監訳
アメリカで一番優れた家族心理学の教科書が邦訳刊行。家族の心理的，文化的，社会的な問題から家族療法まで，家族に関わるすべての心理学を網羅したファーストチョイスに足る1冊。ベテランから入門者まで必読。4,070円，A5並

物質使用障害への
条件反射制御法ワークブック

長谷川直実・平井愼二著
大好評の「条件反射制御法ワークブック：物質使用障害編」がパワーアップして増補改訂・題名変更！　条件反射制御法はこれらの改善を図る治療法として注目を浴びています。1,320円，B5並

臨床家のための実践的治療構造論

栗原和彦著
本書は，治療構造論を時代に合わせて大転換を行い，長年の臨床実践と多くの事例等をもとに詳解したものです。密室だけで終わることのなくなった公認心理師時代の新しい心理支援の方向性を見出す必読の1冊。3,520円，A5並

事例で学ぶ生徒指導・進路指導・教育相談
小学校編［改訂版］

長谷川啓三・花田里欧子・佐藤宏平編
学校教員にとって授業や学級経営とともに重要な「生徒指導」「進路指導」「教育相談」の基本と実践をまとめた1冊。必須の心理学的な知識が満載し，新たに改訂。3,080円，B5並

事例で学ぶ生徒指導・進路指導・教育相談
中学校・高等学校編［第3版］

長谷川啓三・佐藤宏平・花田里欧子編
思春期特有の心理的課題への幅広い知識や現代社会における家庭の状況等の概観，解決にいたったさまざまな事例検討など，生きた知恵を詰めた必読の1冊が新たに3訂。3,080円，B5並

短期療法実戦のためのヒント47
心理療法のプラグマティズム

（東北大学）若島孔文著
短期療法（ブリーフセラピー）の中核にあるのは「プラグマティズム」。この本は，この観点から行ってきた臨床を振り返り，著者独特の実用的な臨床ヒントをまとめた書。2,420円，四六並

発達障害のある子どもの
性・人間関係の成長と支援
関係をつくる・きずく・つなぐ

（岐阜大学）川上ちひろ著
ブックレット：子どもの心と学校臨床（2）友人や恋愛にまつわる悩みや課題。多くの当事者と周辺者の面接をもとに解き明かした1冊です。1,760円，A5並

自閉女（ジヘジョ）の冒険
モンスター支援者たちとの遭遇と別れ

（自閉症当事者）森口奈緒美著
自閉症の当事者文学として衝撃を与えた『変光星』『平行線』の森口さんの自伝の最新作です。今回の『自閉女の冒険』は30歳前後から現在までの20年にわたる物語。1,980円，四六並

自衛隊心理教官と考える 心は鍛えられるのか
レジリエンス・リカバリー・マインドフルネス

藤原俊通ほか著
この本は，自衛隊という組織で，長年心理教官として活動してきた著者らが「心の強さ」をテーマにまとめたもの。しなやかに，したたかに生きるためのヒントが詰まった一冊。2,420円，四六並

ライフデザイン・カウンセリングの入門から実践へ
社会構成主義時代のキャリア・カウンセリング

日本キャリア開発研究センター　監修
編集：水野修次郎・平木典子・小澤康司・国重浩一　働き方が変わり新たなライフデザインの構築が求められる現代，サビカス＋社会構成主義的なキャリア支援の実践をまとめた1冊。3,080円，A5並

価格は税込です

※心と社会の学術出版　遠見書房の本※

遠見書房

こころを晴らす 55 のヒント
臨床心理学者が考える 悩みの解消・ストレス対処・気分転換
　　竹田伸也・岩宮恵子・金子周平・
　　竹森元彦・久持 修・進藤貴子著
臨床心理職がつづった心を大事にする方法や考え方。生きるヒントがきっと見つかるかもしれません。1,870 円，四六並

教師・SC のための
学校で役立つ保護者面接のコツ
「話力」をいかした指導・相談・カウンセリング
　　（SC・話力総合研究所）田村 聡著
ブックレット：子どもの心と学校臨床（3）保護者対応に悩む専門職ために臨床心理学の知見をいかした保護者面接のコツを紹介！ 1,760 円，A5 並

スクールカウンセリングの新しいパラダイム
パーソンセンタード・アプローチ，PCAGIP，オープンダイアローグ
　　（九州大学名誉教授・東亜大学）村山正治著
ブックレット：子どもの心と学校臨床（1）SC 事業を立ち上げた著者による飽くなき好奇心から生まれた新しい学校臨床論！ 1,760 円，A5 並

質的研究法 M-GTA 叢書 1
精神・発達・視覚障害者の就労スキルをどう開発するか——就労移行支援施設（精神・発達）および職場（視覚）での支援を探る
　　（筑波技術大学）竹下 浩著
就労での障害者と支援員の相互作用を M-GTA（修正版グランデッドセオリーアプローチ）で読み解く。2,420 円，A5 並

ブリーフセラピー入門
柔軟で効果的なアプローチに向けて
　　日本ブリーフサイコセラピー学会 編
多くの援助者が利用でき，短期間に終結し，高い効果があることを目的にしたブリーフセラピー。それを学ぶ最初の 1 冊としてこの本は最適。ちゃんと治るセラピーをはじめよう！ 3,080 円，A5 並

ひきこもり，自由に生きる
社会的成熟を育む仲間作りと支援
　　（和歌山大学名誉教授）宮西照夫著
40 年にわたってひきこもり回復支援に従事してきた精神科医が，その社会背景や病理，タイプを整理し，支援の実際を豊富な事例とともに語った実用的・実践的援助論。2,420 円，四六並

中釜洋子選集　家族支援の一歩
システミックアプローチと統合的心理療法
　　（元東京大学教授）中釜洋子著
田附あえか・大塚斉・大町知久・大西真美編集 2012 年に急逝した心理療法家・中釜洋子。膨大な業績の中から家族支援分野の選りすぐりの論文とケースの逐語を集めた。3,080 円，A5 並

〈フィールドワーク〉
小児がん病棟の子どもたち
医療人類学とナラティヴの視点から
　　（山梨英和大学教授）田代 順著
小児がん病棟の患児らを中心に，語りと行動を記録したフィールドワーク。ナラティヴ論と，グリーフワークの章を加えた増補版。2,420 円，四六並

患者と医療者の退院支援実践ノート
生き様を大切にするためにチームがすること・できること
　　（退院支援研究会・医師）本間 毅著
入院患者が自宅に戻るときに行われる医療，介護，福祉などを駆使したサポートである退院支援。本書はその実際を熱く刺激的に描く。2,640 円，四六並

ひきこもりの理解と支援
孤立する個人・家族をいかにサポートするか
　　　　高塚雄介編
医療機関，民間の支援機関，家族会等でひきこもり支援に関わってきた執筆者らが，ひきこもりとその支援を考えたものである。支援者がぶつかる壁を乗り越えるための一冊。2,860 円，A5 並

価格は税込です